Klaus Utz

Wenn Familien Probleme haben

Klaus Utz

Wenn Familien Probleme haben

Chancen und Grenzen der Familienarbeit im Kindergarten

Herder
Freiburg · Basel · Wien

Gedruckt auf umweltfreundlichem,
chlorfrei gebleichtem Papier.

Einbandgestaltung: Meike Hürster, Freiburg

Satz: G. Scheydecker, Freiburg im Breisgau
Druck und Bindung: Freiburger Graphische Betriebe 1997
ISBN 3-451-23586-2

Inhalt

Einleitung

Es entspricht der derzeitigen gesellschaftlichen Wirklichkeit, daß sich die Familie in Struktur und Dynamik, Normen und Werten sehr stark wandelt.
Eine geschichtliche Betrachtung der Familie im Verlauf der Jahrtausende zeigt uns die Vielfalt der Modelle von Gruppierungen zu Pflege und Schutz, zur „Aufzucht" von Kindern. Ähnliche Einsichten können wir erhalten, wenn wir die sehr unterschiedlichen Familienstrukturen in den verschiedenen Kulturen der Welt unserer heutigen Zeit vergleichen.
Die Familie hat biologische, soziale und emotionale Funktionen bzw. Aufgaben zu erfüllen. Zwei gegengeschlechtliche Erwachsene müssen sich zusammenfinden; ohne Schutz und Pflege der Erwachsenen ist das menschliche Kind zunächst nicht lebensfähig; es braucht lange Zeit, um allein lebensfähig zu sein. Es braucht emotional und geistig anregende Beziehungen zu Erwachsenen, es braucht ein „sicheres Nest" zur Reifung und Entwicklung.
Dennoch ist klar, daß Kinder schon immer in sehr verschieden strukturierten „Nestern" bzw. Umfeldsituationen aufgewachsen sind. Eine Bezugsperson ist

wichtig: ob Frau und Mann als Eltern, andere Pflegepersonen oder auch größere Gemeinschaften.
In unserem Kulturkreis waren die gesellschaftlichen Normen und Strukturen in den letzten Jahrhunderten ganz klar darauf ausgerichtet, daß Kinder durch beide Elternteile in einem gemeinsamen Heim aufgezogen wurden. Die Funktionen und Rollen in diesem Familiensystem waren relativ klar geregelt und entsprechen heute noch in wesentlichen Teilen dem traditionellen Familienbild.
Die Veränderung und Auflösung dieser festen Normen und Werte entspricht den Entwicklungen durch Industrialisierung, weitgehende Individualisierung, Möglichkeiten der Familienplanung durch Verhütungsmethoden; ebenso durch die Verselbständigung bzw. Unabhängigkeit der Frauen durch Ausbildung und Beruf mit den sich daraus ergebenden partnerschaftlich – demokratischen Regeln bis in die Zweierbeziehung.
Sowohl das Zusammenleben der Eltern selbst als auch die wechselseitige Beziehung zu den Kindern machen deshalb in unserer postmodernen Zeit einen ständigen, z.T. radikalen Veränderungs- und Umorientierungsprozeß notwendig. Von der traditionellen Familienform zur Wochenendfamilie, zur (auch von der Mutter bewußt gewählten) alleinerziehenden Familie, zur Familie in den verschiedenen Stadien von Trennung und Scheidung, zur Pflege- oder Adoptivfamilie, zur Stieffamilie, zur neu zusammengesetzten (Patchwork-) Familie. Der Mensch braucht Kraft und Mut, sich immer wieder auf neue, oft höchst verunsichernde Lebenssituationen einzustellen und Umwandlungen zu initiieren, um die Situation zum Guten zu wenden und seine (und anderer) psychische Gesundheit zu erhalten.
Wir sollten vermeiden, uns in Klagelieder vom Fami-

lien- bzw. Kulturverfall in Moll-Tönen zu versenken. Die Wandlung der Familie entspricht dem Prozeß unserer Gesellschaft. Wir müssen uns gesamtgesellschaftlich – und damit auch in der Kindergartenarbeit – darauf einstellen; d. h., wir müssen der Familie als sich verändernder Struktur, besonders aber den Kindern in diesen Veränderungsprozessen mit wacher Aufmerksamkeit begegnen. Alltagsbeobachtungen und wissenschaftliche Forschungen zeigen das dringende Bedürfnis von Kindern (besonders im Vorschulalter) nach Kontinuität und Beständigkeit. Nur aus der Dauerhaftigkeit der emotionalen Beziehung kann sich lebensnotwendiges, entwicklungsförderndes Vertrauen bilden. Besonders in Zeiten von Veränderungsprozessen in seiner Lebenswelt braucht das Kind aus entwicklungspsychologischer Sicht Schutzzonen, „Ruheinseln", die es vor Entwicklungsstörungen – bedingt durch Verunsicherungen in seinen primären Beziehungen – bewahren.
Die Kindergartenarbeit hat hier ihre kompensatorische, d. h. ausgleichende und entwicklungsfördernde Aufgabe. In den Wirren der Veränderung sich wandelnder, belasteter Familiensysteme sollte das Kind im Kindergarten ein Höchstmaß an Ruhe, Beständigkeit, Gleichmaß und Zuwendung bekommen können. Wir müssen die Diskrepanz zwischen diesen Bedürfnissen des Kindes und seiner Alltagsrealität sehen und handelnd darauf eingehen. Wir müssen die Risikofaktoren für das Kind in Familienveränderungen erkennen, die Stütz- bzw. Schutzfaktoren intensiv einsetzen und uns als Erziehende wie auch die Gruppe usw. als „Inseln im Chaos" für diese Kinder bewahren. Familienarbeit in der Veränderungsphase der familiären Struktur bedeutet für die Erzieherin, das Lebensumfeld des Kindes vermehrt miteinzubeziehen. Dieser „Drahtseilakt"

der Familienarbeit vom Kindergarten aus bedeutet: Intensive Kenntnis der familiären Situation des Kindes. Es bedeutet auch, der Familie, den Eltern und Kindern, Hilfe anzubieten; gleichzeitig aber auch, sich aus den Problemen in der Familie (z. B. in der Partnerachse) heraushalten zu können; bei notwendigen Veränderungsprozessen an spezielle Hilfeeinrichtungen, fachliche Dienste weiterzuvermitteln.
Die Alltagsarbeit der Erzieherin im Kindergarten konfrontiert diese immer wieder mit den realen, schwierigen und risikoreichen Familienkonstellationen und -situationen. Das auffällige Verhalten betroffener Kinder zeigt, daß sie sich in einem höchst unsicheren bzw. verunsichernden Lebensfeld befinden.
Als These für die folgenden Ausführungen können wir zusammenfassend feststellen:
Das „Modell Familie" befindet sich ständig in einem Veränderungsprozeß. Gegenwärtig stellen wir einen sehr starken Wandel der Familiensysteme fest, der sowohl Chancen als auch Risiken birgt.
Das Kind braucht in seiner Entwicklung Beständigkeit, emotional tragende Beziehungen, Vertrauen und Kontinuität.
Kindergartenarbeit hat diese Aufgabe mehr denn je mitzutragen und muß sich im Alltag darauf einstellen, um so dem Anspruch einer umfassenden Entwicklungsförderung des Kindes gerecht zu werden.

I. Die Ausgangslage

Auffälliges Verhalten von Kindern im Kindergarten als Botschaft aus der Familie

Nicht selten leiden Kinder unter der Familiensituation – auch unter einer solchen, die nach außen heil wirkt. Auffällige Verhaltensweisen haben bei solchen Kindern eine höchst wichtige Funktion. Als Signal, als Botschaft richtig verstanden, zeigen sie den Erziehenden, daß das Kind in einer Notlage ist, die einer Veränderung bedarf.

Vor dem Veränderungsprozeß, vor der pädagogischen bzw. psychosozialen Bearbeitung des „störenden" Verhaltens muß das Verstehen, die Einsicht in das Erleben des Kindes, stehen. Dieses Verstehen ist ein komplexer, sehr differenzierter Vorgang – allzu schnell kürzen wir in unserer alltäglichen Erziehungsarbeit diesen mühsamen Weg ab. In der Praxis neigen wir dazu, aus unseren Erfahrungen und aus dem aktuellen Handlungsdruck – der oft schnelle Veränderung braucht – Schablonen, Vorurteile, unser „Schubladendenken" einzusetzen. Unsere Erklärungssucht

führt uns in gefährliche Sackgassen! Es gibt keine einfachen Wenn-dann-Beziehungen, es gibt für das Kind aus der sich verändernden Familie in Krisen, in Streit und Trennung keine eindeutigen Symptome oder Verhaltensweisen, die nur dann auftreten.
In meiner Frühzeit als Psychologe (vor 25 Jahren) gab es z. B. noch die einfache, eindeutige Erklärung: Verhaltensauffälligkeiten des Kindes resultieren meist aus der Berufstätigkeit der Mutter!
Inzwischen sind wir zum Glück stärker ganzheitlich-systemisch ausgerichtet, d. h., wir richten unseren Blick mehr auf das wechselseitige Beziehungsgefüge. Auffälligkeiten, Schwierigkeiten und psychische Störungen entsprechen einer Vielzahl von Bedingungen, die im Zusammenhang gesehen werden müssen.
Kurzschlüssige Erklärungen wie: „Seit die Eltern geschieden sind, ist Peter so aggressiv", „Sabine ist zur Zeit so depressiv, weil ihre Mutter den ganzen Tag außer Haus ist", „Ivonne ist sozial stark isoliert – ihre Mutter ist alkoholabhängig" und noch tausend andere Erklärungsmuster, die wir alltäglich benutzen, tragen neben dem berühmten „Wahrheitskern" die Gefahr in sich, daß wir uns auf diese Erklärung stützen bzw. stürzen.
Deshalb ist es notwendig, auch im folgenden zuerst umfassende, auf die Ganzheit des Kindes und seines Lebensfeldes (hier besonders der Familie) gerichtete Ausführungen zu machen.
Mit auffälligem Verhalten von Kindern sind wir in der Arbeit im Kindergarten täglich konfrontiert. Auffälliges Verhalten sollte in der Spannbreite von dem gehemmten, zurückgezogenen, traurig-depressiven bis zum anderen Pol des überaktiven, unruhig-hektischen, oft sehr aggressiven kindlichen Verhalten gesehen werden. Immer definiert die Umwelt, was auffälliges Ver-

halten ist, das Kind selbst kann nicht versprachlichen, „was es hat“, und die auf Ursache und Bedingung bezogenen „Warum“-Fragen nicht beantworten. Der kleine Niklas meint: „Ich bin halt bös’. Alle sagen das. Mama schimpft, weil ich meine kleine Schwester ärgere ...“

Für uns als erziehende Fachpersonen ist es deshalb wichtig, zu wissen, wie wir zu der Feststellung kommen: Das Kind reagiert mit auffälligem Verhalten.

Die Definition auffälligen Verhaltens kann, zusammengefaßt, zum einen der Gruppennorm entspringen: Das kindliche Verhalten entspricht nicht dem Verhalten in der Kindergartengruppe, im Vergleich zu anderen ist das individuelle Verhalten abweichend (ob aggressiver, anschmiegsamer, isolierter oder heiterer, fröhlicher). Diese Gruppennorm richtet sich oft auch nach der Altersnorm als zweitem Kriterium. Das gezeigte kindliche Verhalten entspricht nicht den Fähigkeiten, Fertigkeiten und Haltungen, die in dieser Altersphase dem Kind möglich sein sollten – wieder im Vergleich zu anderen.

Die vierjährige Sabine schafft es nicht, mit Ausdauer ein Puzzle zusammenzulegen, das ihre Alterskameradinnen „ohne Schwierigkeiten“ schaffen. Sie ist ständig abgelenkt, achtet auf das, was um sie herum vorgeht, sieht dann etwas anderes, unterbricht ihr Spiel und sucht andere Tätigkeiten. Auch die Mutter meint, Sabines ein Jahr jüngere Schwester würde länger konzentriert an einem Spiel verweilen können.

In dem Beispiel wird aber auch deutlich, daß diese Gruppen- oder Altersnorm ständig vermischt sein kann mit individuell gegebenen Fähigkeiten oder Defiziten. Dies ist ein drittes Kriterium auffälligen Verhaltens. Menschen, in welchem Stadium ihrer Entwicklung sie sich auch befinden, haben eine unterschiedliche organisch-genetische Ausstattung, haben Schwierigkeiten oder besondere Begabungen, die sich in ihrem Verhalten, Tun und Erleben zeigen. Hierzu gehören auch die hirnorganisch bedingten Störungen, die sich in spezifischen Wahrnehmungsstörungen, im hyperkinetischen Syndrom etc. ausdrücken können. Dem Thema dieses Buches entsprechend, werden wir diese primär organisch bedingten Störungen weniger bearbeiten. Unsere zentrale Frage ist: Was in seinem Umfeld bedingt das „auffällige" Verhalten, die psychischen Schwierigkeiten des Kindes?

Wichtigster Punkt für die Definition des auffälligen Verhaltens ist jedoch unsere eigene Norm. Wir beobachten, beurteilen, bewerten nach unserem individuellen „Maßstab", nach unserer eigenen Sozialisationserfahrung, unseren Einstellungen und Haltungen, die in Ausbildung und bisheriger Erfahrung durch gesellschaftlich-kulturelle Werte geprägt wurden, nach unserer aktuellen Lebenssituation und unserer „kognitiven Landkarte", die wir für Regelverhalten und Normen haben.

Entsprechend der systemischen Blickrichtung, die in diesem Buch erläutert werden soll, erklären wir auffälliges Verhalten im Kindergarten aus dem Modell der Systemstörung.

Dieses besagt, daß jedes Verhalten einem wechselseitigen Prozeßgeschehen entspricht. Wir vermeiden bzw. ergänzen das „individuelle Störungskonzept" – die Störung resultiert aus Problemen im „Interaktionsgeschehen", d. h. im Beziehungsgeflecht. Damit umgehen wir einseitige, auf einzelne bezogene Zuschreibungen: Nicht das Kind, die Erzieherin oder die Familie ist „gestört", sondern die wechselseitige Regulation, das Gleichgewicht ist in Unordnung geraten. Als Beispiel: Robertos Vater hat sich nach massiven

Eheschwierigkeiten von der Familie getrennt. Seither hat er sich nicht mehr gemeldet. Der Erzieherin im Kindergarten fällt auf, daß Roberto schneller zu aggressiven Handlungen neigt. War er in der Gruppe früher gut integriert und hatte er durch seine vielen, konstruktiven Spielideen eine Spitzenstellung (Führungsposition) inne, so wird er in der Gruppe inzwischen abgelehnt: „Jetzt kommt wieder der blöde Roberto, der macht uns immer alles kaputt ...“ Auch die Erzieherin merkt bei sich Roberto gegenüber zunehmende Ungeduld und Ablehnung. Sie konzentriert sich sehr auf Roberto, muß ihm ständig Grenzen setzen und ihn ermahnen oder bestrafen.
Verhalten bildet eine komplexe Ganzheit: Robertos Verhalten ist abhängig von seiner individuellen Fähigkeit bzw. Störbarkeit, von seiner Umfeldsituation in der Familie und im Kindergarten, der Reaktion der anderen Kinder, der Erzieherin usw. Sein seelisches Gleichgewicht kann sich positiv verändern, wenn sich sein Vater wieder meldet, er in der Gruppe einen Freund findet, mit dem er trotz seiner Situation gut auskommt, er eine andere ergänzende Vaterfigur findet, sein Verhältnis zu Mutter und Geschwistern sich verändern kann usw. Nicht nur die Bedingungen in der Kindergartengruppe bilden ein System, auch Familie und Kindergarten stehen in unmittelbarem systemischen Zusammenhang. Veränderungen im Kindergarten bedingen verändertes Verhalten zu Hause (was vor allem Eltern auffällt bzw. sie stört), ein Wandel in der Familie wirkt sich im Verhalten des Kindes im Kindergarten aus. Wichtig ist, daß wir die Wechselwirkung erkennen und vermeiden, übereilt „Schuld“ zuzuschieben (vom Kindergarten aus die Familie beschuldigen und umgekehrt).
In diesem Sinn soll im folgenden Familienarbeit so

verstanden werden: Entwicklungsstörungen und auffälliges Verhalten des Kindes – als Botschaft aus der Familie – geben der Erzieherin die Möglichkeit, sein Verhalten und Erleben aus anderen Perspektiven zu erkennen, zu verstehen und verändernd auf es einzugehen.

Das systemische Modell in der Familienarbeit

Ziel dieses Buches ist, Impulse zu geben, wie die Perspektive unserer Arbeit – im Hinblick auf das Kind in seiner Kindergartengruppe – erweitert werden kann. Das gesamte Lebensfeld ist entscheidend! Über die Perspektive Kind, Kindergarten, Gruppe, Spiel, Beschäftigung etc. schauen wir hinaus, um einen Überblick über die Gesamtsituation, in der sich das Kind entwickelt, zu erhalten.
Dazu ist die nähere Kenntnis der Grundlagen des systemischen Modells von großem Vorteil. Einige Begriffe sollen erst kurz erläutert werden, um dann zu versuchen, das systemische Modell die Arbeit in Kindergarten und Kindertagesstätte zu übertragen.
Systemisch heißt zunächst: Alles steht in *Wechselbeziehung*, jedes Verhalten und Erleben des Einzelnen findet in der Interaktion mit anderen statt. Kind und Erwachsener sind ständig – auch wenn sie es bewußt nicht wollen – in Beziehung zu anderen und wechselseitig beeinflußt.
Wenn Irene im Kindergarten sagt: „Papa wird immer böser zu Mama“, so ist dies eine Äußerung im Hinblick auf den Vater. Das Kind äußert dies gegenüber der

Erzieherin; auch diese ist in wechselseitiger Beziehung nicht nur zum Kind, sondern auch zu Mutter und Vater, auch wenn sie letztere gar nicht kennt.

Wir nutzen dies in der therapeutischen Familienarbeit bei der sogenannten zirkulären Befragung. Nicht der Papa wird befragt, sondern wir fragen Irene: „Was ärgert den Papa an der Mama, was hat er gern an der Mama, wie merkst du, daß Papa böse auf Mama ist ...?" Das heißt, nicht das direkte, beobachtbare Verhalten ist entscheidend, sondern die subjektive Wahrnehmung bzw. das Erleben des Kindes. Es geht nicht um das „Warum" des Streites (und eventuelle Schuldfragen), sondern um die erlebnismäßige Einschätzung des Kindes, seine Sicht der Interaktion zwischen seinen Eltern, seine Unsicherheit, Angst, Wut, Trauer usw.

Im Aspekt der Ganzheit geht es darum, das Verhalten des einzelnen in Relation zum anderen zu sehen. „Wenn Papa und Mama streiten, was machst du dann, Irene, was macht dein Bruder?" Der wechselseitige Streit findet nicht nur im Subsystem der Elternachse statt, sondern das Subsystem der Kinderachse reagiert mit: „Ich geh' dann zur Mama und tröste sie, mein Bruder geht mit Papa zum Sportschau angucken ..."

Die Ganzheit des Systems der Familie besteht aus *Subsystemen,* im obigen Fall aus den Subsystemen Mutter und Irene einerseits und Vater und Bruder andererseits. Im Blick auf die Familie sollten wir beachten, daß die Elternachse als Subsystem von der Kinderachse als Subsystem abgegrenzt ist; unklare oder fehlende Abgrenzungen sind oft Ursache für Störungen bzw. auffälliges Verhalten.

Im Zuge von Familienveränderungen, bei Krisen, Streit, Ablösungen, Trennungen usw. reagieren diese Subsysteme oft sehr massiv und als Solidaritätsgemeinschaften gegen die anderen. Die Funktion von Kindern in Familienkrisen ist jedoch oft auch, das Gleichgewicht *(Homöostase)* – so gut sie es können – wiederherzustellen.

Zur Veranschaulichung für Kinder und Erwachsene baute ich mir eine „Homöostase – Schaukel", ein rundes Brett, das frei schwingend an einem Haken hängt. Das Kind kann Holzfiguren darauf setzen, die seine Familie repräsentieren. Streiten Mama und Papa, so entfernen sie sich voneinander, das Brett – auch die Kinderfiguren – kommt in Bewegung, und das Ganze schwingt bedrohlich. Wird die Papafigur weggenommen, gibt es eine massive Bewegung, die anderen müssen ihre Position auf dem schwankenden Boden des Brettes (Familie) verändern, damit das Ganze wieder ins Gleichgewicht kommt. Die sich verändernde Familiensituation verlangt von jedem einzelnen eine Neuäquilibration, d. h. eine Veränderung zur Weiterentwicklung, zur Neuorganisation des Systems.

Diese Veränderung in der Homöostase, im Gleichgewicht der Familie (wie in jedem anderen System) entspricht dem *Wachstumsmodell.* Jeder einzelne in der Familie entwickelt sich weiter, und so muß auch das Ganze sich laufend verändern.

Irene sagt: „Papa und Mama streiten sich, weil ich nicht mehr klein bin und oft was anderes will; ich will weiterspielen, Papa will fortgehen ..." Irene wird selbständiger, will sich selbst durchsetzen, entwickelt altersadäquat ihre Autonomie – ihr Eigenbewußtsein, ihren Selbstwert.

Grenzen und *Regeln* im System müssen so klar wie möglich sein.

Sind sie diffus, für das Kind nicht einsehbar oder von den Eltern nicht konsequent durchgehalten, kommt es immer wieder zu Streit; das „Homöostase-Brett" schaukelt gleichsam. Sind sie zu starr, geben sie dem Kind – wie auch den Erwachsenen im System – zu wenig Raum zu freier Entwicklung, zu Selbstentfaltung und Selbständigkeit. Sind sie zu undeutlich, zu diffus, müssen sie zudem immer wieder neu abgesprochen und ausgehandelt werden oder führen zu vor allem emotional engen Bindungen.
Diese engen emotionalen Bindungen sind bei Veränderungsprozessen und Krisen in der Familie oft von verheerender Wirkung für die Kinder. Sie können sich in der höchst verunsichernden Situation – ob Streit, Trennung, Geburt eines Geschwisterchens, Umzug usw. – nicht mehr „frei bewegen", sind gebunden in ihrer Angst: „Wenn ich nicht mehr so nahe an der Mama bin, geht sie mir (auch noch) verloren ..."
Erforderlich ist in solchem Fall die Erkundung des *sozialen Netzwerkes* des Kindes. Wen hat das Kind in dieser verunsichernden Lebenssituation als Bezugspersonen in der Familie und im weiteren Umfeld? Dazu habe ich ein Brett, auf dem mehrere, sich nach außen verbreitende Kreise aufgemalt sind. Das Kind bekommt so viele Figürchen, wie es braucht, und stellt nun Mama, Papa, Geschwister, weitere Verwandtschaft, Freunde, Erzieherin, Nachbarn usw. auf dem Brett auf. Sich selbst stellt es in die Mitte; je nach Enge der Beziehung („wen du ganz lieb hast") stellt es die Personen nun in die Nähe von sich oder weiter weg.

Die systemische Betrachtungsweise macht uns deutlich, wie komplex sich in seiner Ganzheit ein Geschehen darstellt.

Deshalb ist diese Blickrichtung für die Kindergartenarbeit so wichtig: Die Vielfalt der Lebenssituationen des Kindes und seiner Erlebnisweisen macht es notwendig, möglichst viele Informationen zu seiner familiären Lebenssituation – als der primär prägenden – zu sammeln, das Kind immer wieder zu ermutigen, seine subjektiv erlebte Sichtweise zu äußern. Zu bearbeiten sind nicht primär seine auffälligen Verhaltensweisen wie Aggression, Wut, Trauer, Protest oder sozialer Rückzug, sondern die zugrunde liegenden Bedingungen im familiären System müssen erkannt bzw. erkundet werden.

2. Die Familie im Wandel

Änderungen in der Familienstruktur

Wie jedes lebendige System befindet sich auch die Familienstruktur in einem ständigen Veränderungsprozeß, sowohl was den Wandel des Gesamtsystems als auch – und dies in ständiger wechselseitiger Abhängigkeit – was die Entwicklung jedes einzelnen Mitgliedes der Familie und jedes Subsystems (die Kinder werden älter, die Paarbeziehung der Eltern verändert sich usw.) betrifft.
Äußere Geschehnisse können einen Wandel bedingen (Wohnortwechsel, andere Berufstätigkeit, Arbeitsplatzwechsel oder Arbeitslosigkeit usw.), aber auch „natürliche" Entwicklungen in der Familie (Geburt von Kindern, Entwicklungsphasen der Kinder und der Erwachsenen usw.). Jedes einzelne Mitglied der Familie muß sich flexibel auf diese Veränderungen einstellen, muß aber auch „feste Eckwerte" als Grundlage der Sicherheit, des Haltes behalten und bewahren können. Dies ist eine wesentliche Aufgabe der Familie, die unsere Gesellschaft fördert bzw. zu fördern beansprucht

und überwacht: die Bewahrung kultureller und sozialer Werte, Einstellungen und Normen, deren Weitergabe im Prozeß der Sozialisation der Kinder, die Bewahrung der Kinder in einer „gefährdenden" Umwelt. Im Grundgesetz Artikel 6 ist dies festgeschrieben:

1. Ehe und Familie stehen unter dem besonderen Schutz der staatlichen Ordnung.
2. Pflege und Erziehung der Kinder sind das natürliche Recht der Eltern und die zuvorderst ihnen obliegende Pflicht. Über ihre Betätigung wacht die staatliche Gemeinschaft.

Ist dieser Prozeß der ständigen Veränderungen schon im „normalen" Entwicklungsprozeß der Familie schwierig im Gleichgewicht zu halten, so ist das System der Familie sehr gefährdet, wenn kritische Lebensereignisse und unvorhersehbare Krisen auftreten. Dies ist nicht nur der Fall bei Trennung und Scheidung der Eltern, sondern ebenso bei Unfall, Krankheit oder Tod eines Angehörigen, bei Geburt eines behinderten Kindes usw. Die emotionalen Reaktionen auf diese kritischen Lebensereignisse sind sehr stark. Sie verlangen einen Wandel bisher fester Einstellungen, Haltungen, Regelungen; sie bedingen meist eine Umstrukturierung in der Familie – Rollenwechsel, Umverteilung von Aufgaben, Rechten und Pflichten – und erfordern veränderte, neue Handlungskonzepte.
Die Auswirkung dieses Wandels auf das Alltagserleben des Kindes analysierend, geht es für uns Beobachtende nicht nur darum, die realen Veränderungen zu erkennen („Mama muß den ganzen Tag im Beruf arbeiten", „seit mein Bruder so krank ist, dreht sich alles nur um ihn", „Papa ist immer zu Hause und schimpft" usw.), sondern um die psychische Haltung der Kinder dabei, ihre seelischen Reaktion. Es geht darum, die in

diesen kritischen Phasen der Veränderung sich neu bildenden Einstellungen und Werthaltungen des gesamten familiären Systems, aber auch jedes einzelnen Mitgliedes zu erkennen.

Veränderungen und Wandel in der Familie dürfen für Kinder nicht als völlig undurchschaubares, unerklärbares und damit höchst ängstigendes Geschehen „unbegreifbar" ablaufen. Aufgabe der erziehenden Erwachsenen ist – so gut wie möglich und kindgemäß –, Veränderungsprozesse transparent zu machen.

Haben wir als Erwachsene schon große Probleme damit, erschütternde Lebensereignisse zu begreifen – wie schwer ist dies erst Kindern klarzumachen. Dennoch ist hier die Aufklärung der Eltern und anderer Bezugspersonen für das Kind ungeheuer wichtig: darüber zu sprechen, mit der neuen Situation für das Kind beispielhaft umzugehen, das eigene emotionale Reagieren aufzuzeigen, altersgemäße Bilder (z. B. aus der Natur, die abstirbt und sich neu entfaltet oder auch aus Märchen etc.) zu finden und durch sie die Situation zu verdeutlichen; im Spiel immer wieder Gelegenheit zu geben, dieses Geschehen zu be- bzw. zu verarbeiten. Dies in der Hoffnung, dem Kind die Angst vor dem Unüberschaubaren, vor seinem Ausgeliefertsein zu nehmen, ihm die Möglichkeit zu eröffnen, Probleme und Krisen auch als Chance erkennen und erleben zu können. Das heißt, das Kind soll lernen, Kränkungen als lebendigen Prozeß aufzufassen, der nicht schuldhaft durch das Kind bedingt ist und Hoffnung auf neue, entlastende Situationen macht. Auch hierbei ist die Fähigkeit der jeweils vermittelnden Bezugsperson (ob Eltern, Erzieherin, Oma, Opa oder andere) entscheidend, Wandel der Familie nicht als „ängstigenden

Zerstörungs- bzw. Auflösungsprozeß" zu sehen, sondern als einen Entwicklungsprozeß des „Auf und Ab", der der Lebenswirklichkeit entspricht. Ein Entwicklungsprozeß, der weder idealisiert dargestellt werden noch durch unsere eigenen Ängste in der Projektion auf die Kinder – durch die Haltung des hilflosen Ausgeliefertsein (vgl. Schicksalsglaube) – zu depressiv-resignativer Haltung führen darf.

Belastungen, Risiken und Chancen in der Familienentwicklung

Akute Belastungen einer Familie, z.B. infolge eines Umzuges, können ein Kind stark verunsichern. Es kann jedoch in der beständigen sozialen und emotionalen Beziehung zu seinen Eltern, Geschwistern und anderen Bezugspersonen ohne tiefe innere Verletzungen, Ängste usw. meist wieder in seinen seelischen Gleichgewichtszustand zurückfinden. Anders z. B. bei brutaler Gewaltanwendung oder bei Suchterkrankungen in der Familie; hier ist es schwierig für das Kind, diese Belastungen ohne bleibende psychische Wunden zu verarbeiten. Es fehlt die emotional-soziale Sicherheit in kontinuierlichen Beziehungen, seine Ängste vor Veränderungen haben keinen vertrauensbildenden bzw. tragenden Ausgleich mehr in seinem Lebensfeld.

Gerade in den Zeiten besonderer familiärer Belastungen braucht jedes Familienmitglied viel Kraft, um nicht selbst unterzugehen.

Die Energie auf der Beziehungsebene, sich in andere Familienmitglieder einzufühlen, fehlt dann meist. Im Alltag kann dies bedeuten: Stirbt die Mutter des Vaters, so braucht er seine ganze psychische Kraft, um seinen individuellen Schmerz zu verarbeiten; er kann nicht mehr beachten bzw. sich nicht mehr einfühlen, wie es seiner Tochter geht, die ihre Oma verloren hat. Zieht der Ehemann zu seiner Freundin, so braucht die Ehefrau einen großen Teil ihrer psychischen Energie, um diese Verletzung ertragen zu können; sie ist nicht mehr imstande, ihre dringend notwendige Aufmerksamkeit und Zuwendung in vollem Maß ihren Kindern zu widmen, die plötzlich – unerklärbar für sie – ihren Vater verloren haben.

Zwei Prozesse sind für das Verstehen der Kinder in diesen familiären Situationen sehr wichtig: der *Loyalitätskonflikt* und die *Triangulierung* der Kinder mit ihren Eltern.

Das Kind steht im Familiensystem immer in Beziehung zu zwei Elternteilen. Die Interaktionen finden zwischen diesen dreien statt (auch wenn noch andere Geschwister da sind). Diese Dreierbeziehung (Triangulation) bildet ein Subsystem.

Einen dreizehnjährigen Jungen, der wegen krimineller Vergehen zu mir kommt, frage ich, wie er die Beziehung zwischen seinen Eltern einschätzt (vgl. zirkuläres Befragen). Er meint: „Streiten tun sie oft – aber meist nur wegen mir ...“ Er sieht sich als Auslöser des Streits in der Elternachse, hat deshalb Schuldgefühle und Ängste vor der Trennung seiner Eltern – er erkennt seine Beteiligung in der Dreierbeziehung sehr deutlich.

Die fünfjährige Sophie erzählt, daß es zwar blöd sei, daß der Papa immer so lange arbeiten müsse, „aber schön ist es, daß ich dann bei der Mama im Bett liegen darf und wir miteinander schmusen ...“ Negativ interpretiert ist Sophie für die Mutter das „Trösterle“, wird damit in der Triangulation als Vaterersatz auch mißbraucht. Ihre Chance, bei der Mutter viel Zuwendung und Nähe zu verspüren, geht einher mit dem Risiko, sich zu freuen, wenn der Papa weg ist, den sie „ja auch gern hat“.

Dies entspricht dem Loyalitätskonflikt, der in der extremen Situation von Trennung und Scheidung zu massiven psychischen Schädigungen führen kann. Das Kind steht zwischen zwei Personen, die es beide gern hat, die aber in ihrer Zweierbeziehung nicht miteinander leben können. Das Kind kommt in eine *Entscheidungsfalle:* ob Streit, Trennung oder Scheidung, immer braucht das Kind beide Eltern, kann und darf sich aber nur für einen entscheiden, was bedeutet, daß es sich damit gegen den anderen wendet. Das Kind kommt in die Rolle des Verbündeten, oft auch des Partnerersatzes für einen Elternteil. Es befindet sich damit in einer Entscheidungsfalle, denn in seinem Erleben – „Ich will beide und das geht nicht“ – gibt es für das Kind keine Lösung.

Beständigkeit für das Kind heißt hier: Die Elternpartner müssen vermeiden, das Kind als ihren Tröster oder Unterstützenden gegen den anderen zu mißbrauchen.

Vielmehr ist hier notwendig, dem Kind so gut wie möglich zu verdeutlichen: „Der Streit findet auf der Partnerachse statt. Du als Kind bist nicht verantwortlich. Mama und Papa brauchen dich nicht zur Unterstützung ihrer Person. Du hast beide als Eltern, und beide Eltern haben dich gern.“

Nicole, ein achtjähriges Mädchen, schildert ihren Loyalitätskonflikt so: „Ich mach' etwas Blödes, dann kriegen meine Eltern Streit, weil der Papa sagt, das macht doch nichts und die Mama soll sich nicht aufregen und mich nicht so strafen. Wenn sie dann richtig Streit haben, zieht der Papa immer wieder aus. Ich bin dann wütend auf die Mama, weil die dann sagt, ich wäre Schuld, daß der Papa ausgezogen ist. Und ich weiß ja, daß ich schuld bin. Nach dem Zoff, wenn wir beide weinen, nimmt sie mich dann in den Arm und sagt, ich wäre ja das Wichtigste und Liebste für sie. Dann denke ich auch wieder an den Papa, der allein in der anderen Wohnung wohnt. Und wenn ich zu ihm gehe, dann weint er auch, und ich muß ihn trösten, weil er ja so traurig ist, weil er ja nicht mehr bei uns ist …"
Diese Konflikte im Erleben des Kindes und seine tiefe Verunsicherung in dieser unlösbaren Entscheidung können genausogut bei jedem Streit in der sog. „heilen Familie", die zusammen wohnt, stattfinden. Das Kind braucht die Gewißheit, das Vertrauen, daß es trotz der realen Spannungen und Auseinandersetzungen, trotz der Konflikte bzw. der Auflösung der Partnerbeziehung seiner Eltern dennoch ein Beziehungsgefüge hat, ein Nest oder auch mehrere, in denen es Sicherheit erleben kann.

3. Beständigkeit für die Kinder

Die Entwicklung der Kinder in der Familienveränderung

Kinder haben – dies entspricht meiner Erfahrung im Umgang mit ihnen – erstaunliche Kräfte, auch mit schwierigen Situationen zurechtzukommen, sich neuen Lebenssituationen an- bzw. in sie einzupassen, sich an ungewohnte Begebenheiten zu gewöhnen. Wir als Erwachsene dürfen unsere erzieherische Aufgabe nicht allein darin sehen, „Kinder in Watte einzupacken", sie vor allen Belastungen zu behüten. Aber auch dies ist keine generelle Regel, sondern muß differenziert gesehen werden.
Säugling und Kleinkind sind in ihrer Entwicklung auf ein Höchstmaß an enger Beziehung angewiesen, auf Ruhe, Gleichmaß, Geduld und Ausgeglichenheit ihrer unmittelbaren Bezugspersonen. Aber selbst in dieser sensiblen Phase besteht die Notwendigkeit für uns, die Dimensionen von Nähe und Distanz, von Bindung und Lösung zu beachten: Wir kennen alle die Schlaf- und Eßschwierigkeiten, die „Schnullerprobleme" bis

hin zu psychosomatischen Störungen von Kleinkindern, die massiv auftreten, wenn sich Veränderungen in der Familie oder in ihrem Umfeld ergeben.

Die Kontinuität im unmittelbaren Lebens- und Erlebnisfeld des Kindes ist wichtig: in der Beziehung zu gleichbleibenden Personen, zu Räumen, Spielsachen usw. Auch der routinemäßige Ablauf von Ritualen wie Essen, Schlafen usw. Kontinuität in bezug auf Personen und ritualisierte Abläufen ist ein wesentlicher Faktor, um dem Kind emotional und sozial Grundbedingungen seines Sicherheitsgefühls zu geben.

Am Ende des zweiten Lebensjahres findet beim Kind eine Öffnung für Menschen und Dinge außerhalb der vertrauten Umwelt statt. Dies gelingt Kindern nur, wenn sie zuvor grundlegende Beziehungserfahrungen zur Mutter und zu anderen Bezugspersonen positiv erleben konnten. Diese Beziehung erfährt das Kind durch ein geduldiges Gewährenlassen, durch konstante Regeln und Normen. Daraus bildet sich seine altersadäquate Ich-Du-Beziehung, meist aus der von Mutter und Kind. Im zweiten und dritten Lebensjahr erlebt das Kind seine Ambivalenz, sein „Hin-und-Her-Gefühl", das „Weg-von-und-hin-zu". Diese Ambivalenz setzt sich in der Entwicklung fort (wir kennen sie als Erwachsene auch gut!) und führt immer wieder zu starken Verunsicherungen, besonders in Zeiten der Veränderung.
Wir sprechen von Risiko- und Stützfaktoren in Krisenzeiten der Entwicklung des Kindes. Bezogen auf unser Thema „Wandel und Beständigkeit", heißt dies: Veränderungen im Familiensystem bedingen zum einen als Risikofaktoren Verunsicherungen in der Erlebnisweise des Kindes, zum anderen machen sie Stütz-

faktoren wie Geborgenheit, Vertrauen und Sicherheit notwendig. Arbeitslosigkeit des Vaters ist z. B. ein Risikofaktor für die ganze Familie, der massive Zukunftsängste, evtl. eine depressiv-resignative Atmosphäre, vermehrte Auseinandersetzungen in der Elternachse durch finanzielle Einschränkungen usw. auslöst. Umso mehr bedürfen – und das ist im Alltag so schwer umzusetzen – Kinder in solchen Situationen der Sicherheit, des Vertrauens: „Und trotzdem geht unsere Familie daran nicht kaputt." In diesen Situationen von aktuellen Belastungen kann es auch zu Prozessen des „Näherzusammenrückens" in Gefahrenmomenten kommen.

Der Wandlungsprozeß einer Familie bedingt nicht nur eine Verunsicherung des Kindes, sondern des gesamten familiären Systems bis hin zu den Großeltern, aber auch der Erzieherin im Kindergarten. Eltern erleben den Spannungsprozeß nicht weniger intensiv, haben Zukunftsängste, reagieren gereizt, „genervt", häufig hektisch; aber auch resignativ bis depressiv, da ihre bisher oft idealisierte Lebensvorstellung zusammenbricht.

Kinder reagieren mit „auffälligem Verhalten", mit Wut, Aggressivität oder Verzweiflung, mit Rückzugsverhalten, sozialer Isolation, Verweigern von Spielen und Lernen, allgemein mit wenig Interesse und Neugier.

In der Familie ist einer vom anderen abhängig; jede Umstellung, jede Veränderung bei einem Einzelnen kann eine Vielzahl von Reaktionen beim anderen bedingen (vgl. Homöostase-Modell).

Eine zunehmende Verselbständigung der Mutter, ihr Wunsch, etwas anderes zu tun, damit „ihr die Decke nicht auf den Kopf fällt", beispielsweise ihre Bemühung, nach der Kleinkinderzeit wieder berufstätig zu werden, können zu Verunsicherung bzw. Abwehrverhalten des Vaters führen – aus Angst, seine patriarchalische Stellung in der Familie zu verlieren. Die emanzipatorische Kraft der Mutter verunsichert nicht nur den Vater, sondern möglicherweise auch massiv das Kind. Dies erlebt möglicherweise, wenn es nicht gut informiert bzw. eingestimmt ist, die Außenwendung der Mutter als Trennungsabsicht von sich und reagiert mit Ängsten oder aggressivem Verhalten – sicherlich auch dem Vorbild und der Reaktion des Vaters entsprechend.

Auch Kinder müssen erleben und erfahren können, daß sich ihre Familie in ständigem Wandel befindet, den die Entwicklung und das Älterwerden des oder der Kinder besonders in den Übergangsphasen (z.B. beim Kindergarteneintritt, Pubertät, Ablösung des Jugendlichen) bewirken. Diese entwicklungsbedingten Veränderungen eines Einzelnen brauchen notwendigerweise andere Haltungen, neue Einstellungen und Regeln um das Gleichgewicht (Homöostase) der Familie als Gesamtsystem aufrechterhalten zu können.

Das auffällige Verhalten eines Kindes entspricht seinem Erleben der jeweiligen Veränderung. Aus neueren Untersuchungen wird deutlich, daß Kinder den Wandel in der Familie sehr stark in Abhängigkeit von ihrer Entwicklung erleben. So erfährt das Kleinkind den Rückzug des Vaters anders als der Viertklässler, der in seiner Entwicklungsphase das männliche Vorbild zu seiner Identitätsbildung ganz besonders stark braucht. Während das Kind vor dem Kindergarteneintritt ganz auf seine gewohnte Lebensumwelt eingestellt ist und sie als „normal" erlebt, kann das Kind in Kindergarten und Schule vergleichend feststellen, wie es seinen Alterskameraden in ihren Familien geht. Einer der Vorteile der heutigen, relativ großen Häufigkeit von Trennungen der Eltern ist, daß das betroffene Kind dies nicht wie früher alleine erlebt und als Außenseiter stigmatisiert ist.

Kinder sind sehr oft im Austausch mit gleich betroffenen Alterskameraden erleichtert, können sich untereinander solidarisieren. Sie können damit einen Teil ihrer Traurigkeit, ihrer Enttäuschung und ihrer Ängste vor weiteren Verlusten, auch des verbleibenden Elternteils, als gegebene Realität, als normal erkennen.

Ein Sechsjähriger meinte: „Das ist halt so, Utz, wenn Eltern sich viel streiten, dann gehen sie auseinander – uns verbieten sie das Streiten ..."

Auffälliges Verhalten, Eß- und Schlafstörungen, Hemmungen, depressive Verstimmungen und aggressiv-trotziges Reagieren sind als Botschaften des Kindes für uns als Erwachsene oft sehr schwer zu entschlüsseln, weil wir im logischen Erwachsenendenken eine andere Verständnisebene einnehmen als das Kind in seinem erlebnisbetonten Weltverständnis.

Für uns Erwachsene ist es notwendig, uns – statt vorschnell mit Anordnungen oder Strafen zu reagieren – auf die oft sehr differenzierte Erlebnisweise des Kindes einzulassen. Wir müssen uns Zeit nehmen, die kindlichen Verhaltensweisen in ihrer Bedingtheit durch das Lebensumfeld zu verstehen.

Andrea schildert mir, daß sie den neuen Freund der Mutter blöd finde. Sie wünscht sich, sie wäre wieder allein mit der Mama und ihrem kleinen Bruder Björn. Dann meint sie: „Aber weißt du, früher, als Papa noch daheim wohnte, sind wir öfter nachts wegen dem Geschrei aufgewacht, und ich mußte meinen Bruder trösten, weil er auch so Angst hatte. Und Mama war dann am nächsten Tag ganz traurig und hat viel geweint. Meine Eltern haben dann tagelang nicht mehr miteinander gesprochen. Jetzt kann Mama wenigstens wieder öfter lachen und ist gut gelaunt ..."

Neben dem traurig-depressiven Verhalten zeigen Kinder im Kindergarten bei Krisen in der Familie auch häufig eine verweigernd-aggressive Haltung: Sie wollen nicht mitspielen, nicht am Stuhlkreis teilnehmen usw.

Bei Kindern sollten wir, wenn wir auffälliges Verhalten feststellen, auch der Frage nachgehen: Welchen Auftrag erlebt das Kind, der Entwicklungsphase entsprechend, als Mitglied der Familie seinen Eltern gegenüber, wozu zeigt das Kind dieses Verhalten? Sehr oft entsprechen die Schwierigkeiten, die das Kind macht, seinem Wunsch, die Familie zusammenzuhalten. Sie entspringen der Erfahrung: „Bin ich schwierig, dann haben die Eltern etwas Gemeinsames. Auch wenn es schlimm ist, wenn sie beide böse auf mich sind und gemeinsam überlegen, wie sie mich strafen sollen ..."

Gemäß dem Anliegen dieses Buches, psychische Störungen und auffälliges Verhalten des Kindes als Folge familiärer Veränderungen zu erklären, werden im folgenden einige Untersuchungsergebnisse aufgezeigt, die sich auf den Trennungs- und Scheidungsprozeß beziehen. Trennung und Scheidung der Eltern sind der am besten untersuchte Prozeß im Wandel der Familienstruktur im Hinblick auf die Folgen für das Erleben des Kindes.

Sie bilden einen Teilprozeß der Familienentwicklung, der in der Öffentlichkeit erkennbar und als Untersuchungsgegenstand relativ gut abgrenzbar ist; er sollte aber in der Entwicklung systemisch-ganzheitlich eingeordnet werden.

Die im Umgang mit betroffenen Kindern tätigen Erziehenden sollten die „relativ eindeutig“ festgestellten Verhaltens- und Erlebensauffälligkeiten zugleich als Chance und als Risiko aufnehmen; als Entwicklungsstörungen, die in der Gesamtheit von Bedingungen und Reaktionsmustern des Kindes nicht nur auf die realisierte Trennung und Scheidung zurückzuführen sind, sondern auf viele andere Beeinflussungen des Kindes im Wandel seiner Familie.

Die Chance des Trennungs- und Scheidungsprozesses liegt für das Kind in der Entlastung von bisherigen Spannungen, der Erfahrung klarerer Grenzen im System als bisher, der Klärung und Neudefinitionen von Bindungen. Die Risiken von Trennung und Scheidung beziehen sich generell auf die Verunsicherung durch Wandel von Positionen, Rollen und Beziehungen.

Im Trennungs- und Scheidungsablauf erlebt das Kind die ständigen gegenseitigen Abwertungen der Eltern und verliert dadurch positive Identifikationsmöglichkeiten mit seinen Eltern bzw. Elternteilen. Das Kind fühlt sich hilflos, wertet sich ab, da es seinen Erwartungen, „Retter der Familie“ zu sein, nicht entsprechen kann und sich häufig die „Schuld“ am Auseinandergehen der Eltern gibt. Der 12jährige Jan erzählt, daß er sich erinnert, er habe – als er noch im Kindergarten war – beim Frühstück am Sonntagmorgen seine Tasse mit Kakao auf den Teppichboden geschüttet. Nach einem Streit sei der Papa dann aufgestanden und endgültig weggegangen, seither nicht wiedergekommen...

Nach Trennung und Scheidung wird der abwesende Elternteil vom Kind oft als Ideal phantasiert. Der anwesende Elternteil wird als böse erlebt, bei gleich-

zeitiger massiver Trennungsangst, diesen (meist die Mutter) auch noch zu verlieren.
Für die Erzieherin ist es sehr wichtig, diese Erlebnisweise des Kindes zu erkennen und für ihr Eigenerleben bzw. -reagieren zu reflektieren. Kinder provozieren in dieser Phase häufig die Erzieherin massiv, sind ablehnend und aggressiv gegen sie. Dies ist in den meisten Fällen als ein Projektionsvorgang beim Kind zu interpretieren. Seine Wut und seine Ablehnung gegen die Mutter („wegen dir ist mein Papa weg ...") können wegen der großen Trennungsängste nicht direkt gegen die Mutter gewendet werden, sondern werden auf weitere Bezugspersonen (als Mutter-Ersatz) projiziert. An diesen kann das Kind seine Enttäuschung, seinen Ärger abreagieren. Wir können als Erziehende – meist erst in der Distanz – dies als paradoxen Vorgang verstehen: „Du bist mir als Erzieherin vertraut, du bist mir sicher, deshalb kann ich an dir meine negativen Gefühle abreagieren ..."
Aus dieser reflektierten Perspektive kann sich die kompetente Erzieherin als „Projektionsfläche" anbieten und damit dem Kind Möglichkeiten der Be- bzw. Verarbeitung geben – und kann vermeiden, sich in ihrer Person abgelehnt oder angegriffen zu fühlen.
Kinder erleben in der Vorphase einer Scheidung ihre Eltern meist als „sehr weit weg". Die psychische Belastung der Eltern macht es diesen oft unmöglich, ihre Elternfunktion in der Krisensituation auszufüllen. Für das Kind sind diese chaotischen, massiv emotionalisierten Zustände in der Familie meist nicht differenzierbar und damit höchst ängstigend. Symptombildungen sind häufig als Rettungsversuche der Kinder in dieser Verunsicherung zu interpretieren.
In der juristischen Scheidungsphase erleben sich Kinder sehr häufig als Gegenstand und Werkzeug der Aus-

einandersetzung um Sorgerechts- und Besuchsregelung bis hin zur finanziellen Auseinandersetzung (vgl. Loyalitätskonflikt). Der für sie nicht lösbare Entscheidungskonflikt und die „Mißbrauchserfahrung des Kindes, über das verfügt wird“, können zu massiven Symptomen führen: von depressiv-gehemmtem Rückzugsverhalten bis zu aggressiv-protestierenden Reaktionen. Die Nachscheidungsphase bedingt als Risikofaktor das Erleben von Desorganisation (in den Belastungen von Trennung, Umzug, Berufstätigkeit der Mutter, finanzieller Einschränkung usw.) und als Chance zur Neuorientierung massive Ambivalenzreaktionen des Kindes. Dem Verlust eines Elternteils, evtl. auch von Geschwistern, Freundes- und Verwandtschaftsteilen, setzt das Kind große Wünsche und Hoffnungen nach Wiedervereinigungen entgegen. Überforderungen des Kindes als Partnerersatz (Parentifizierung) („die Mama braucht mich jetzt ganz arg, ständig schmust sie mit mir …“), aber auch als Aushorchpartner („Papa will immer wissen, ob ein neuer Mann bei Mama ist …“) verunsichern das Kind und verstärken Schuldgefühle bzw. das Gefühl, etwas wiedergutmachen zu müssen, aber auch das Erleben von Wut und Zorn neben Trauer und Ohnmacht.

Den Entwicklungphasen des Kindes zugeordnet, werden als Scheidungsfolgen angeführt (dabei ist auch kritisch die Generalisierungs- bzw. Kategorisierungstendenz zu beachten!):

bis 3 Jahre:	Regression (bei Sauberkeitserziehung etc.), Weinen, Ängste, gesteigertes Trotz- und Aggressionsverhalten, Schlaf- und Eßstörungen;
bis 6 Jahre: (Kindergartenalter)	erhöhte Irritierbarkeit, Weinen, allgemeine Ängste, aggressives

Verhalten, Provokation, massive Trennungsängste, Selbstanschuldigungen, Trauer, Wünsche nach Familienwiederherstellung;

bis 9 Jahre: (Grundschulalter) anhaltende Traurigkeit, die Trennung wird bewußt erlebt, auch als Bedrohung der eigenen Existenz. Aggressive Impulse gegen die Eltern müssen häufig massiv unterdrückt werden. Angststörungen, traurig-resignatives Erleben;

bis 12 Jahre: direkt geäußerter Zorn wird möglich. Das Selbstwertgefühl ist massiv gestört. Schamgefühle durch Vergleiche in der peer-group (d. h. Alters- bzw Freundschaftsgruppe);

13.–18. Lebensjahr: in zunehmender Distanzierung kann die Beziehung zu anderen und zwischen anderen wahrgenommen werden. Zorn, Trauer, Schmerz und Scham als Gefühle, verlassen und betrogen worden zu sein. Je nach Interaktion der Eltern halten die Loyalitätskonflikte an und können zu Verunsicherungen in den Beziehungen zu Freunden und späteren Partnern in der eigenen Familie führen.

Aus Langzeituntersuchungen (vgl. bes. Wallerstein, J. und Blackeslee: Gewinner und Verlierer, 1989) ergeben sich folgende zusammengefaßte, wichtige Hinweise zur Scheidungsverarbeitung:

1. Das Scheitern der Ehe der Eltern sollte von den Kindern (und auch Jugendlichen) anerkannt werden können: „Es ist halt so, die haben unter sich immer Streit ..."
2. Die massive Fixierung auf das Trennungs- und Scheidungsthema und -erleben muß vom Kind aufgegeben werden können, zugunsten der Reorganisation der neuen Lebenssituation, des neuen Lebensrhythmus, eigener Interessen: „Das Leben geht weiter ..."
3. Die Verarbeitung von Ablehnungsgefühlen muß ermöglicht werden: „Ich darf auch weinen und traurig sein, Papa und Mama haben mich lieb ..."
4. Überwindung von Wutgefühlen und Erlangung der Fähigkeit, den Eltern zu verzeihen: „Und der Papa und die Mama sind mir doch das Liebste ..."
5. Sich auf die Dauerhaftigkeit der Trennung einstellen: „Papa wohnt jetzt in der Stephanstraße, ich bin bei Mama ..."
6. Die Kinder müssen in diesen Prozessen besonders viel Liebe, Verständnis und Konstanz von ihren Bezugspersonen (nicht nur von Eltern, sondern auch von anderen) erfahren können: „So kann ich auch gut leben ..."
7. Die Selbstwertprobleme und die Verunsicherung, bedingt durch die familiäre Veränderung, müssen so gut wie möglich kompensiert werden, und zwar durch die obigen Einsichten bzw. erlaubten Gefühlsäußerungen und die sich entwickelnden neuen Interessen, beglückenden Lernmöglichkeiten, erfolgreichen Lebensmuster usw.

Risiko- und Stützfaktoren in der Entwicklung des Kindes

Psychische Schädigungen bei Kindern sind nicht nur von der Art und Weise der auslösenden Krisensituation abhängig, sondern wesentlich mitbedingt durch die subjektiv erlebte Verarbeitungsmöglichkeit des Kindes. Im folgenden sollen die Bewältigungsmöglichkeiten bzw. -mechanismen analysiert werden, die für das Kind verfügbar sind bzw. zur Verfügung zu stellen sind.
Diese Bewältigungsstrategien, auch Coping-Strategien genannt, werden im normalen Entwicklungsprozeß des Kindes, Jugendlichen oder Erwachsenen immer wieder eingesetzt, um mit Hindernissen, Frustrationen, Streßsituationen und mit Krisen umgehen zu können. Im Veränderungsprozeß der Familie werden diese Bewältigungsmöglichkeiten des einzelnen Mitgliedes immer wieder genutzt. Sie bilden auch für uns als pädagogisch verantwortliche Bezugspersonen eine Grundlage der helfenden Beziehung, der Stützung und Förderung der Entwicklung der Kinder. Zu beachten ist, daß diese Bewältigungsstrategien sowohl im Verhalten als auch im Erleben frühe und über lange Zeit geprägte Muster bilden, die dadurch auch geduldige, ausdauernde Veränderungsprozesse und Modifikationsbemühungen erfordern. Hier liegt unsere Aufgabe als Erziehende.
Es werden vermeidende, ausweichende Coping-Strategien und positiv verarbeitende, entwicklungsfördernde Bewältigungsmöglichkeiten unterschieden:
Als vermeidende Coping-(Bewältigungs-)Strategien werden aufgeführt: Regression, Verleugnung, Rückzug, Vermeidung, Ausagieren. Dies entspricht auch

den psychoanalytischen Abwehrmechanismen, die sich in unserer Beschreibung des auffälligen Verhaltens bei Kindern (vgl. 1.2.) aus sich verändernden Familien zeigten. Auffälliges Verhalten selbst ist somit als Bewältigungsmöglichkeit und der mißglückende Versuch des Kindes zu sehen, sozusagen im „falschen Kanal“ mit ängstigenden, verunsichernden Erlebnisweisen umzugehen. So sind auch häufig körperliche Erkrankungen als psychosomatische Reaktionen des Kindes auf ängstigende Veränderungsprozesse in der Familie zu interpretieren.

Sylvia hat jeden Morgen Bauchweh, bevor sie in den Kindergarten kommt. Der Kinderarzt findet keine organischen Ursachen. Tagsüber im Kindergarten wirkt sie weinerlich, zurückgezogen, mit depressiver Tendenz. Auffällig ist ihre Regression in kleinkindhaftes Verhalten. Sie klagt dann, bevor sie nach Hause geht, wieder über Bauchschmerzen. Es stellt sich heraus, daß durch diagnostizierte Krebsgeschwulste bei der Mutter zu Hause eine sehr verunsicherte, angstvolle Atmosphäre herrscht und die ganze Familie zur Zeit in dauernder Anspannung lebt, ob die Mutter noch weiter zu Hause verbleiben wird. Erst das Darübersprechen ermöglicht Sylvia und ihrer Familie, diese Verleugnung und die dadurch hervorgerufenen Ängste zu überwinden.

Als positiv sich auswirkende, verarbeitende und Streß vermindernde Bewältigungsmöglichkeiten können in der kindlichen Entwicklung angeführt werden: eine zugewandte, aktive Lebenseinstellung, die sich aus frühen Erfahrungen von Zuwendung und Kontinuität ergibt, die Fähigkeit, umfassend Neugier und Interesse zu bewahren, um in Krisensituationen nicht in den Problemen zu versinken und in depressive Verstimmungen „abzurutschen“.

Von großer Bedeutung ist die Integration des Kindes in seinem sozialen Netz (Kindergarten- und Freundschaftsgruppe, Verwandtschaftssystem etc.), seine Fähigkeit, die Kraft zu sozialen Kontakten bewahren zu können und aus seinem sozialen Umfeld wechselseitig wieder Kraft zu erhalten. Wichtig ist auch seine Fähigkeit, mit Krisen bzw. dem Frustrationserleben verarbeitend bzw. sublimierend umgehen zu können, d. h. Möglichkeiten zu finden, seine Probleme, seine Enttäuschungen und Ängste im Spiel handelnd auszuleben und eigene, andere Perspektiven zu erproben. Im obigen Beispiel von Sylvia und ihrer krebskranken Mutter heißt dies: Wie weit kann Sylvia sich im Gruppenalltag des Kindergartens aus der „familiären Angstatmosphäre“ lösen, sich mit anderen Kindern im Rollenspiel verlieren, ihre zum großen Teil unbewußten Ängste („Was geschieht mit der Mama?“) im Krankenhausspielen oder Malen be- und verarbeiten?

Der Kindergartenalltag hat als Stützfaktor für diese Kinder eminente Bedeutung. Er bietet ein Feld, in dem das Kind ungestörtes Zusammensein erleben kann. Ohne die aktuell oder chronisch belastete Situation in der Familie kann das betroffene Kind in einem anderen „Milieu“, in der Kindergruppe, eine normale Atmosphäre erleben und sich anderen zuwenden, die nicht in dieser Art belastet sind.

Andererseits braucht das Kind in Phasen kritischer Lebensereignisse auch Möglichkeiten, in unmittelbarem Bezug zu einer erwachsenen Person an seine abgewehrten Belastungserlebnisse (vgl. vermeidende Coping – Strategien) herangeführt zu werden, um seine meist unbewußten Ängste bzw. panischen Erlebnisweisen verarbeiten zu können: seine Schuldgefühle,

sein Ohnmachtserleben, aber auch ambivalente (Liebe – Haß) Gefühle.
Im obigen Beispiel von Sylvia können wir auch als Erwachsene nichts an der konkreten Todesgefahr ihrer Mutter ändern. Wir müssen jedoch versuchen – und dies nicht sprachlich, sondern über handelndes Bearbeiten (durch Spielen, Malen usw.) –, ihr Möglichkeiten zu geben, zu trauern und zu weinen, aber ihr dann auch wieder andere Erlebnisweisen im Kontakt mit Alterskameraden etc. geben. Je nach unserer Einschätzung (möglichst in Absprache mit fachlichen Diensten) ist es notwendig, die betroffenen Kinder auch hier wieder in einzel- oder gruppentherapeutische Begegnungen zu vermitteln, um ihnen so Möglichkeiten zu geben, auch im verunsichernden Veränderungsprozeß Erfahrung mit Beständigkeit zu machen, mit intensiver Zuwendung und vertrauensvollem Verständnis.
Dies ist wohl die entscheidende Frage in bezug auf Stützfaktoren für die hier zu besprechenden Kinder: Wo sind im Umfeld die Ressourcen, die Kräfte, die dem Kind helfen, mit den realen, häufig nicht veränderbaren Belastungssituationen im Kontakt mit anderen zurecht zu kommen?

4. Die sich wandelnde Funktion des Kindergartens

Kindergartenarbeit im Veränderungsprozeß

Kindertagesstätten nur als „Bewahranstalt" zu verstehen, ist out. Wir wehren uns mit Recht dagegen, Kindern nur Räume, Zeit und Personen zur Verfügung zu stellen, um sie bei Spielen usw. zu beschäftigen bzw. zu beaufsichtigen. Und dennoch ist in unserem Thema, positiv verstanden, das „Bewahren" der Kinder eine grundlegende Aufgabe entwicklungsfördernder Kindergartenarbeit.

Bewahren im Sinne von Schutzraum, Verständnis und Kontinuität bieten ist eine wesentliche Voraussetzung jeder Entwicklung, jeder psychosozialen und kognitiven Entfaltung und Reifung des Kindes. Dies insbesondere in einer Welt, die sich immer schneller verändert, die permanent alte, traditionelle Muster abbaut und auf der Suche nach neuen ist.

Leben heißt Veränderung, heißt aber auch Bewahrung sichernder Muster, Verhaltensabläufe, Einstellungen und Haltungen. Beides braucht Kraft, braucht Energie. Sehen wir als äußeren Kreis dieses Prozesses die gesellschaftliche Veränderung und als innere Kreise Subsysteme wie Familie oder auch Institutionen wie Kindergarten, Schule usw., so steht im innersten Kreis das Individuum, ob Erwachsener, Jugendlicher oder Kind. Das Kind wird in diesem Bild von jedem dieser sich ausweitenden Kreise beeinflußt und muß sich selbst diesen Wandlungsprozessen anpassen. Die Variationen im Wandel der Familie bedingen andere Muster des Zusammenlebens, andere Beziehungsgefüge unter ihren Mitgliedern. Kinder als Mitglieder auch dieser sich verändernden Familienformen besitzen eine große Kraft, sich in ihre Umweltverhältnisse einzupassen. Und nicht nur im Alltag der sich verändernden Familiensituation ist diese Einpassung nötig, sondern auch ständig in den umgebenden Gruppierungen: Verwandtschafts-, Freundes-, Nachbarschafts-, Freizeitaktivitäten usw.

Holger wird von der Mutter in der Beratungsstelle angemeldet. Die Erzieherin verwies sie, weil Holger durch sein unruhiges, getriebenes Verhalten auffiel, weder allein noch mit anderen Kindern längere Zeit spielen konnte. Die alleinerziehende Mutter ist sehr verantwortungsbewußt und will Holger alles mitgeben, was er zur Entwicklungsförderung braucht. Um ihm über den Kindergartenbesuch soziale Kontakte zu ermöglichen und ihn motorisch fit zu machen, ist er mit ihr im Mutter-Kind-Turnen, im Eishockeyverein für Kleine und bei der musikalischen Früherziehung. Da die Mutter ganztags arbeiten muß, ist er tagsüber noch bei drei verschiedenen Stellen (Oma, Freundin der Mutter, Pflegeeltern). Er sollte jetzt – nach dem Ge-

spräch mit der Erzieherin – bei mir noch spieltherapeutisch „bearbeitet" werden, möglichst mit Entspannungsverfahren.
Wichtigste Voraussetzung ist hier, daß wir das Kind in seiner Ganzheit sehen. Nicht Teile von ihm müssen „fit" gemacht werden, sondern das Kind in seinen verschiedenen Lebensfeldern, Erwartungen und Angeboten braucht ein sicherndes Nest zur Bewahrung, zu seiner Erfahrung von Kontinuität und Beständigkeit, die ihm erst das Vertrauen in diese Welt in ihrer Diskontinuität, in ihrer Ver-rückt-heit ermöglicht.

Eltern, die sich in Krisen der Veränderung befinden, können dem Kind meist nicht mehr diesen Halt, dieses Bewahren, bieten. Hier sollte die Erzieherin – so gut es möglich ist – ihren Auftrag zum Schutz und zur Leitung des Kindes sehen.

Die Ausweitung der Perspektive der Kindergartenarbeit bedeutet, daß die Erzieherin nicht nur das Wohlergehen des Kindes in ihrer Gruppe im Blick hat, sondern darüber hinaus – ihrem Erziehungsauftrag entsprechend – eine Koordination seiner Lebenssituationen anstrebt.

„Welch eine Überforderung der Kindergartenarbeit", höre ich die Leser sagen. Und dennoch ist an sich jedem klar, der verantwortlich im Alltag mit Kindern arbeitet, daß nur in enger Kooperation mit Familie und anderen Bezugspersonen bzw. -systemen des Kindes eine Entwicklungsförderung möglich ist. Wir ziehen uns nur allzu gern auf unsere sicheren, traditionellen Konzepte und Haltungen zurück, um weitere Verunsicherung zu meiden. Ich spreche für mich dann sehr oft von unserer „Schamschurzfunktion" als Erziehende:

Ein kleiner tabuierter Teil wird bedeckt, und das Ganze wird nicht gesehen.
Kindergartenarbeit befindet sich, wie die Familie und ihr entsprechend, permanent im Wandel – wie insgesamt unser soziales und kulturelles Gesellschaftssystem. Die Perspektivenerweiterung – entsprechend unserem Ansatz – bedeutet für die Erzieherin, die familiäre Situation in ihre Arbeitskonzepte hineinzunehmen, was nicht nur Mehrbelastung sondern auch – über die zunehmende Einsicht – eine Entlastung und das Erleben sinnvoller Arbeit bedeutet.

Familienarbeit im Kindergarten

Familienarbeit im Kindergarten heißt, sich auf den Alltag in der Lebenssituation des Kindes einzustellen. Bemüht sich die Erzieherin darum, die Belastungen und entlastenden Bedingungen im Erleben des Kindes zu erkunden, so hilft sie ihm damit, mit Verunsicherungen und emotionalen Konflikten besser zurechtzukommen.
Daß Konfliksituationen im familiären System immer wieder vorkommen und Clinchsituationen vorhanden sind, entspricht der Realität lebendiger, „sich in Bewegung befindlicher“ Systeme (ähnlich der Arbeit im Kindergarten selbst, in der Kooperation mit Kolleginnen, Leitern, Trägern etc.).
Die Kompetenz einer Erzieherin liegt auch darin, dem Kind diese Realität altersadäquat zu vermitteln; das Kind – in Absprache mit den Eltern – sachlich über die Veränderung zu informieren und es emotional zu stützen.

Wesentlich ist dabei auch die Eigenreflexion der verantwortlichen Erzieherin: Welche „Normbilder“, Einstellungen, Werturteile, auch Voreingenommenheiten haben wir für diese Familienentwicklungen in Krisensituationen (aus eigener Sozialisationserfahrung als Kind und Jugendliche, aus Prägungen gesellschaftlicher, religiöser, moralischer, normativer Art, durch Ausbildung, Berufserfahrung und eigener gegenwärtiger familiärer Situation)? Für mich ist hier der Blick durch ein Kaleidoskop zur Veranschaulichung hilfreich: Die immer gleichen bunten Glasteile verändern sich je nach unserer Drehung des Kaleidoskops. Unsere Betrachtungsweise, unsere Perspektive verändert sich je nach unserer eigenen Position. Obwohl selbst im systemischen Zusammenhang gebunden (die Glasteile bleiben gleich), sieht der außenstehende Betrachter, je nach Drehung, verschiedene Strukturen.

Es ist wichtig, Schuldzuschreibungen, Bewertungen und stigmatisierende Beschreibungen zu vermeiden, wie sie häufig in der Literatur angegeben werden: „zerrüttete, zerbrochene Familien“, „ge- bzw. zerstörte Familien“, „aufgelöste Familien“ oder gar „verwahrloste Familien“. Diese Definitionen bzw. Festschreibungen entsprechen nicht der systemischen Perspektive der Familienentwicklung, in der wir versuchen, vom „Desorganisationsmodell“ einer dysfunktionalen Familie zu einem „Reorganisationsmodell“ zu kommen; d. h. den Prozeß des Wandels auch hin zum Guten, zum Gesunden in der Entwicklung einer Familie zu erkennen.

In der familientherapeutischen Arbeit nennt man diese Sichtweise *„Refraiming“*: Das Bild bleibt das gleiche, z. B. Vater und Mutter haben sich getrennt. Der Rahmen, die Perspektive, kann jedoch sehr verschieden sein: So kann es z. B. ein Glück für die Kinder sein, daß sich die Mutter vom mißhandelnden Vater getrennt hat.

„Refraiming“ in der Familienarbeit im Kindergarten heißt nicht nur, die Erschütterung des Kindes bei sich trennenden Eltern zu sehen, sondern mit ihm zu schauen, welche schönen Erlebnisse das Kind mit seinen Eltern hat, in seinen Geschwisterbeziehungen, mit Bezugspersonen außerhalb seiner Kernfamilie. Wichtig ist, ihm in seiner Verzweiflung bzw. Traurigkeit aufzuzeigen, daß es beide Eltern lieb haben kann, diese sich um es sorgen wie auch viele andere Personen in seinem Lebensfeld.

Die Erzieherin im Kindergarten ist oft mit Mädchen und Jungen zusammen, die zum ersten Mal merken, daß ihre familiäre Konstellation nicht „der Norm entspricht“. Das sind Kinder, die bisher allein mit der Mutter lebten und jetzt von ihren Alterskameraden erfahren, „wie toll es ist, mit Papa vor dem Einschlafen 'rumzubalgen ...“; Kinder, die aus Bilderbüchern, aus Erzählungen oder Märchen ein oft „idealisiertes Bild“ von Familien vermittelt bekommen, das ihrer zu Hause erlebten Wirklichkeit nicht entspricht.

Erst aus der Kenntnis der Lebenssituation von Eduard kann die verantwortliche Erzieherin sein unruhig-aggressives Verhalten verstehen; sie kann es einordnen, wenn er beim Vorlesen von Märchen aufsteht, nicht mehr zuhören will und eventuell Streit mit anderen sucht – als Flucht aus der dargestellten, für ihn höchst verunsichernden idealisierten Familienbeziehung und als Suche nach Beziehungen, auf die er sich (auch im Streit) verlassen kann.

Zwischen Kompetenz und Abgrenzung

Von dem zugrundeliegenden Modell von systemischer Arbeit ausgehend, soll die Familienarbeit als Aufgabe des Kindergartens gesehen werden.

Jede kompetente Erzieherin – auch wenn sie sich primär mit dem Kind in der Gruppe beschäftigt – arbeitet permanent auch mit dessen Familie. Diese ist wesentliche Sozialisationsinstanz, prägend für die Entwicklung und Entfaltung des Kindes. Alles, was im Kindergarten geschieht, hat auch Auswirkungen auf seine familiäre Entwicklung. Sie als Erzieherin kennen dieses Wechselspiel. So sagt z. B. eine Mutter: „Stefanie fordert jetzt immer, wir sollen uns auch vor dem Essen die Hand geben. Sie meint: ‚Im Kindergarten werd' ich nicht so viel geschimpft wie daheim ....'"

Unser Anliegen im Kindergarten muß sein, möglichst viel von der familiären Situation, von Erziehungshaltung, von Regeln, Normen und Werten der Familie zu erfassen. Dies nicht, um „als Schnüffler" die Intimsphäre der Familie zu kontrollieren oder zu bewerten, sondern um dem Kind möglichst zu ersparen, unter Diskrepanzen zwischen familiären und Kindergarten-Regeln und dem Auseinanderklaffen der Wertorientierungen und Einstellungen verschiedener subkultureller Gruppierungen zu leiden. Leid, das sich vor allem in seiner Verunsicherung, in Hemmungen, Ängsten oder auch in provokativ-trotzigem Verhalten äußert.

Ein erster und häufig der ergiebigste Schritt ist die genaue, intensive Beobachtung des Kindes: beim Spiel am Puppenhaus, in der Bauecke, beim Rollenspiel mit anderen Kindern. Hier kann die aufmerksam beobachtende bzw. zuhörende Erzieherin schon eine große

Informationsvielfalt zur familiären Situation erhalten, zur Atmosphäre in der Familie, zur emotionalen Beziehung zwischen den Familienmitgliedern.
Klare Informationen müssen auch aus dem Aufnahmegespräch vorliegen, als sogenannte „harte Daten" über das Geburtsdatum des Kindes, auch über das Alter der Eltern und Geschwister, über Berufstätigkeit und Ausbildung der Eltern, über Wohnort bzw. Straße, über das Umfeld und evtl. auch über die räumliche Situation (ob Hochhaus, Haus mit Garten, Stadtrandsiedlung oder Notquartier). Informationen sollten auch aus der Vergangenheit und Gegenwart vorliegen über die bisherige Entwicklung des Kindes selbst (körperlich und sozial-emotional), aber auch über die Entwicklung der familiären Situationen: Umzüge, Wechsel der Pflegepersonen bzw. -orte, Geburt von Geschwistern, das Hinzukommen neuer Lebenspartner, Tod von Angehörigen, Trennungen der Eltern, Unfälle usw.
Diese „Wendepunkte" in der Familiengeschichte sind für das Verstehen des Kindes wie auch für die familiäre Situation seiner Familie von großer Bedeutung (in familientherapeutischer Arbeit wird viel Zeit für diese „Wendepunktanalyse" aufgewandt). Diese Biographie des Kindes und seiner Familie darf jedoch nicht auf die Befragung beim Erstgespräch beschränkt sein, sondern muß im Verlauf der Kontakte mit den Eltern immer wieder ergänzt und erweitert werden. Die schriftliche Fixierung dieser biographischen Daten ist zwar mühsam und zeitaufwendig, trägt aber dazu bei, daß wir das Kind im Wandel seiner Familie besser verstehen und damit unsere Hilfe gezielter einsetzen können.
Diese biographischen Informationen zur gegenwärtigen Situation des Kindes in seiner Familie brauchen

Ergänzungen: Im Gespräch mit dem Kind, den Eltern oder auch einem einzelnen Elternteil sollten wir erkunden, wie der Tagesablauf in der Familie aussieht: Wie verläuft das Aufwecken des Kindes, das Anziehen, Frühstücken usw. bis zur Einschlafzeremonie? Wann trifft sich die Familie im Tagesablauf, wieviel Zeit hat die Mutter oder der Vater, sich den Kindern zu widmen, wieviel Zeit haben die Eltern auch für sich selbst, wann gibt es Entspannungspausen etc.?
Jede Erzieherin hat eine große Zahl solcher Informationen. Sie kann diese nutzen, um das Kind vor dem Hintergrund seines familiären Systems zu verstehen, und braucht dazu den permanenten Austausch mit der Familie.

Die Kompetenz der Erzieherin liegt in der Auswertung dieser vielen Informationen für einen pädagogischen Umgang mit dem Kind. Ihre Aufgabe ist nicht die Veränderung der Familie!

Die Veränderung der familiären Situation muß den entsprechenden fachlichen Diensten überlassen bleiben. Die oft sehr schwierig zu erfüllende Aufgabe der Mitarbeiterin im Kindergarten ist dabei die Vermittlung, d. h. der Verweis an Psychologische bzw. Erziehungsberatungseinrichtungen, an Familien- und Lebensberatungsstellen, an Arbeits- oder Wohnungsamt, an psychosoziale Beratungsstellen in Familienkrisen usw.
Familienarbeit vom Kindergarten aus bringt uns immer wieder an die Grenzen unseres Arbeitseinsatzes, zum Abwägen dessen, was möglich ist, wo Überforderung droht ... In dem hier beschriebenen Ansatz ist es jedoch notwendig, über Gruppenelternabende, über themenzentrierte Gesamtelterntreffen, Spielnachmit-

tage und andere Projekte mit den Eltern in jedem Einzelfall (und das ist nicht bei jedem Kind erforderlich) genauere, intensive Informationen zum familiären Hintergrund zu erfahren. Dies kann uns manchmal belasten: Wir müssen unsere Hilflosigkeit bzw. Ohnmacht den Realitäten des Kindes in seinem Umfeld gegenüber erkennen und damit fertig werden. Es gibt uns aber auch die Chance, das Verhalten und Erleben des betroffenen Kindes (über unser eigenes Erleben z. B. der Trauer, Wut, Verzweiflung) besser zu verstehen und ihm pädagogisch-kompensatorisch Hilfe zur Ver- bzw. Bearbeitung anzubieten.

Verständnis, Zeit, Zuwendung

In den folgenden Abschnitten will ich von Beispielen ausgehen, die aus meiner beratend-therapeutischen Alltagsarbeit stammen. Zwar sind die Bereiche Therapie und Kindergarten bzw. Kindertagesstätte verschieden, doch sind die Kinder die gleichen; ihre sozialen und emotionalen Probleme gilt es zu erfassen. Dieser „Blick über den eigenen Tellerrand“ hinaus soll andere Sicht- und Zugangsweisen verdeutlichen, die auch in der Kindergartenarbeit umsetzbar sind.

Markus, ein dickleibiger, sechsjähriger Junge, kommt schon seit zwei Jahren einmal in der Woche zu mir in die Beratungsstelle. Inzwischen ist er im dritten Kindergarten; durch sein auffälliges explosiv-aggressives Verhalten ist er in Gruppen kaum mitzutragen. Schon als Säugling litt er an lebensbedrohlichen epileptischen Anfällen. Nach komplizierter Geburt muß er auch jetzt immer wieder wegen schwer verlaufender Kinderkrankheiten in die Klinik. Als er drei Jahre alt war, zog die bis dahin alleinerziehende Mutter mit ihrem neuen Lebenspartner zusammen. Dieser war für Markus der ideale Vater, bastelte und spielte viel mit ihm, unternahm mit ihm Reisen ins Ausland etc. Vor zwei Jahren kam das Schwesterchen Sabrina auf die Welt, der Sonnenschein der Familie; die Eltern heirateten. Die Familie lebt in sehr schlechten ökonomischen Verhältnissen: Beide Elternteile müssen arbeiten, der Vater hat drei verschiedene Arbeitsstellen als Fabrikarbeiter im Schichtdienst und in Putzkolonnen. Resultierend aus der bisherigen Krankengeschichte, dem schwierigen Verhalten von Markus und der sehr belasteten Familiensituation, besteht bei der Mutter ein sehr ambivalentes Verhältnis zu Markus. Immer wieder wird sie von Erzieherinnen, Nachbarn und Verwandtschaft auf ihren „bösen, ungezogenen Sohn" angesprochen, hat Schuldgefühle und muß sich wehren und Markus verteidigen. Aber auch zu Hause reagiert Markus mit so auffälligem Verhalten, daß die Atmosphäre durch Schimpfen, Streiten und ständige Bestrafungen sehr negativ gespannt ist. Die Mutter ist häufig völlig überfordert und droht dann mit Heim. Auch das Verhältnis zu seinem Stiefvater hat sich sehr verändert: War er für Markus anfänglich der idealisierte Vater, den er endlich hatte, wurde Markus durch die Geburt dessen eigener „süßer" Tochter in die Außenseiterrolle des „Bösen" und „Trotzigen" gedrängt. Dadurch kam es auch immer wieder zu aggressiven Übergriffen von Markus gegen sein Schwesterchen – damit wuchs die Abwehr und Ablehnung seines Vaters ihm gegenüber, der inzwischen auch mit Heim droht.

Häufig sitzt Markus, wenn er bei mir ist, gebeugt (wie ein alter Mann) auf seinem Stuhl, depressiv in sich versunken; seine Verzweiflung machen auch seine dicken, kullernden Tränen deutlich. In anderen Stunden zeigt

er sich auch wieder in fröhlicher, entspannter Haltung, erzählt von gemeinsamen Unternehmungen seiner Familie und von seinem Schwesterchen, das er „über alles lieb" hat, von seinem Vater, der mit ihm die nächste Reise plant. Dann wieder kommen Phasen, in denen „alles schief geht": Er klaut dem Vater Geld, beschimpft die Mutter mit übelsten, obszönen Ausdrücken und äußert bei mir: „Ich haue ab, ich will lieber ins Heim, die sollen nur merken, wie schlimm es ohne mich ist. – Wenn ich tot wäre, dann würden sie es endlich merken, dann wären sie traurig ..." In den spieltherapeutischen Kontakten hat er für sich das Bild der Achterbahn entwickelt: „Manchmal geht's 'rauf, oben ist's schön, dann geht's wieder steil bergab – mit Todesangst." Markus hat inzwischen mit mir ausgemacht, durch Handzeichen anzudeuten, wie es ihm auf der „Achterbahn" geht. Hände nach oben heißt, es geht aufwärts, Hand horizontal heißt, es läuft gut, Hand nach unten: es gibt zur Zeit nur Ärger. Ohne viel sprechen zu müssen, kann er mir damit gut verdeutlichen, wie er sein Erleben aktuell einschätzt, und ich verstehe dies.
Unsere intensive Beziehung wird von den regelmäßigen Kontakten getragen; immer habe ich eine ganze Stunde Zeit für ihn, bin dabei offen für das, was er mir zeigen will. Ich kann über die Beobachtung seines Tuns auch seine Stimmungslage erfassen, ihm helfen, mit seiner Traurigkeit und Verzweiflung umzugehen, sein aggressiv-provozierendes Verhalten im Spiel zu „kanalisieren", sein Hin- und Hergerissensein wenigstens in Teilschritten zu bearbeiten.
Viel schwieriger als die Arbeit mit Markus ist die Arbeit mit seinen Eltern. Diese Beratungsgespräche sind meist „Feuerwehr-Einsätze, wenn's brennt". Der Vater (Stiefvater) weigert sich, zur Beratung zu kommen – er hat als ehemaliges Heim-Kind viel negative Erfahrun-

gen mit professionellen Helfern. Die Mutter von Markus ist völlig überfordert und meldet sich dann, „wenn's nicht mehr geht"; eine angebotene regelmäßige Gesprächsreihe – begleitend zur Therapie ihres Sohnes – lehnt sie ab, weil sie „sowieso zuviele Termine" hat. Wenn es zu Hause ganz schwierig ist, führen wir auch zusammen, Mutter, Markus und ich, Gespräche – sie sind dann zentriert auf „Alltagsabsprachen". Markus soll im Haushalt mehr helfen, die Mutter soll morgens aufstehen, um ihm vor dem Kindergartenbesuch Frühstück zu richten, die Eltern sollen ihre massiven Auseinandersetzungen (mit Schlägen) nicht vor den Kindern durchführen usw.

Mit der aufgeschlossenen Erzieherin vom Kindergarten finden regelmäßige Gespräche statt – leider kann die Mutter nicht motiviert werden, daran teilzunehmen. Sie lehnt, aufgrund ihrer bisherigen Erfahrungen mit Erzieherinnen, Kontakte ab, da sie „doch nur beschuldigt wird, eine schlechte Mutter zu sein".

Diese relativ ausführliche Beschreibung von Markus und seiner familiären Situation soll verdeutlichen, wie unser Konzept einer Zusammenarbeit von Kindergarten und Familie im Alltag in einigen Fällen ungeheuer schwer durchzuführen bzw. durchzuhalten ist.

Und dennoch ist es wichtig – wie bei Markus –, immer wieder und weiter zu versuchen, Kontakte zwischen Kindergarten und Familie herzustellen, um als Erzieherin diese Kinder besser verstehen zu können. Auch bei massiv auffälligem, störendem Verhalten ist es notwendig, nicht zu resignieren, sondern dem Kind immer wieder mit Geduld, kontinuierlich und „mit breiten Nerven" Verständnis entgegenzubringen. Erst aus der Kenntnis des Lebensfeldes des Kindes können wir sein Erleben und Verhalten verstehen.

Die Lebenssituation selbst ist von der Kindergartenarbeit (wie von Therapie bzw. Beratung) meist nicht zu verändern. Aus dieser traurigen (auch depressiv machenden) Einsicht heraus ist es für den professionellen Helfenden oft schwierig, nicht in den Standpunkt, es habe doch alles keinen Sinn, abzurutschen, sondern die Kraft, die Hoffnung und den Mut zur „Dennoch-Haltung" zu haben. Kinder aus sich verändernden Familien haben meist einen langen Prägungsprozeß von Verunsicherung und Mißtrauen, von chaotischen Beziehungen durchlaufen. Diese frühen und langdauernden Prägungen aufzuarbeiten bzw. zu verändern, braucht viel Zeit, Geduld und unser Engagement „dranzubleiben". Wahrscheinlich ist dies für die betroffenen Kinder der entscheidende Faktor unserer erziehenden Hilfe: Zeit und Verständnis zu haben und Zuwendung geben zu können. Und dies gerade dann, wenn das betroffene Kind uns durch sein auffälliges und störendes Verhalten provoziert. Für die Alltagsarbeit im Kindergarten heißt dies: Wo haben wir Freiräume, um uns ganz intensiv, ohne Störungen, diesem Kind zuwenden zu können? Gibt es Gelegenheiten (z.B. durch Zweitkräfte, Praktikantinnen etc.), bei denen die Erzieherin sich allein mit einem sehr belasteten Kind beschäftigen kann: im Spiel, am Puppenhaus, mit Malen (z.B. seiner Familie) oder im Gespräch usw.? Dies mit dem Ziel, von ihm Informationen zu seiner Lebenssituation zu erhalten, ihm Möglichkeiten zu geben, mit der Erzieherin – und diese umgekehrt mit ihm – schöne, positive und fördernde emotionale Beziehungen zu erleben. Dabei darf nicht unser „pädagogischer Zeigefinger" auf die letzte Konfliktsituation in der Gruppe, d. h. sein „schlimmes" Verhalten, zeigen. Unser Anliegen muß es sein, ihm „heilpädagogisch" und auf der Grundlage einer intensiven, positiven Gefühlsbeziehung unser „drittes Ohr“ zu geben, d. h. aufmerksam zuzuhören bzw. zu beobachten, wie es ihm „innerlich ergeht“. Gerade dies ist für Kinder besonders wichtig, denn die Erzieherin ist an „zweiter Mutterposition“, lebt viele Stunden mit dem Kind und hat damit die Chance, immer wieder für es da zu sein, in vielen verschiedenen Gruppen- und auch Einzelsituationen.

Ordnung, Rhythmus, Rituale

Frau R. schildert die Situation ihrer Familie: „Mein Leben läuft schief, ich weiß nicht, was ich dagegen tun kann. Ich selbst habe eine ganz traurige Kindheit gehabt. Meine Eltern haben sich nur gezankt. Nach Alkohol, Schulden und Fremdgehen meines Vaters hat sich meine Mutter von ihm getrennt und uns vier Kinder alleine großgezogen. Sie hat den ganzen Tag gearbeitet; wir waren als Kinder in der Sonderschule für Lernbehinderte, nachmittags im Hort. Ich wurde von den Nachbarskindern immer ausgelacht und verspottet wegen meiner Familie, weil ich auf der ‚Dubelschule‘ war und so ... Nach den Ferien war ich meist froh, wieder in die Schule und den Hort zu dürfen, dort war es schön.
Als 18jährige hab' ich dann geheiratet, weil der Andreas unterwegs war. Unsere Ehebeziehung war von Anfang an mies. Er hat immer getrunken, war auch viel unterwegs, hat mich und das Kind viel geschlagen. Als dann unsere Tochter Sabine kam, ist's ganz schlimm geworden. Die Wohnung war klein, die Kinder haben immer geschrien, er hatte keine Arbeit. Hat's zu Hause im dauernden Streit nicht mehr ausgehalten, hat Schulden

beim Spielen gemacht. Dann hat er die Kleine auch noch mißhandelt, da bin ich ins Frauenhaus abgehauen. Ich hab's dann immer wieder versucht, ob's mit ihm nicht doch geht. Die Kinder brauchten ja ihren Vater – und er hat auch immer wieder versprochen, besser zu werden … Dann hat er im Alkoholrausch die Wohnung angezündet, fast wären die Kinder verbrannt … Ich bin dann wieder ins Frauenhaus, und die haben mir bei der Scheidung geholfen.

Nach zwei Jahren hab' ich dann einen ganz netten Mann kennengelernt und ihn geheiratet. Aber es ist leider auch nicht gutgegangen, und er ist abgehauen – meldet sich nicht mehr …

Jetzt will mein erster Mann immer wieder die Kinder sehen, die haben aber Angst vor ihm und wollen ihn nicht treffen. Schon zweimal hat er die Tür eingetreten – ich hol' dann die Polizei, oder die Nachbarn alarmieren sie …

Andreas ist inzwischen sechs Jahre, die Sabine vier. Zur Zeit sitz' ich mit meinen Kindern oft abends zu Hause auf der Eckbank. Wir machen alle Lichter aus, damit er nicht merkt, daß wir zu Hause sind. Die Kinder haben furchtbare Angst, wir flüstern nur – und hören auf alle Geräusche draußen … Aber die Polizei sagt immer, sie könne nichts machen, und die Frau beim Jugendamt kann auch nichts machen – zu der will ich auch nicht gehen …"

Diese Horrorgeschichte ist nicht erfunden. Jede erfahrene Erzieherin im Kindergarten kann von einigen solchen Mehrgenerationengeschichten bzw. akut völlig desolaten Familiensituationen berichten. Das Argument: „Das darf es nicht geben …" reicht nicht – die Realität ist so. Als Helfende liegt es in unserer Verantwortung, diese Bedingungen so gut wie möglich zu verändern. Die Erzieherin im Kindergarten oder Hort,

Lehrerin oder Lehrer usw. müssen auf mindestens zwei Ebenen aktiv werden:

1. Wie ist die familiäre Lebensbedingung, das Umfeld zu verändern?
2. Wie ist dem Kind zu helfen, seine psychisch gesunde Entwicklung zu erhalten, zu fördern bzw. wiederherzustellen?

Bei solch gestörten, chaotischen Systemen wie bei Familie R. beschrieben, ist es oft ein erfolgreicher erster Schritt, eine Helferkonferenz zu initiieren. Erfährt die Erzieherin von solch schwer belasteten familiären Systemen, sollte sie unbedingt „Alleingänge“ vermeiden; sie sollte statt dessen versuchen – wenn möglich in Absprache mit dem sorgeberechtigten Elternteil –, Mitarbeiter aus Hort, Schule, Jugendamt, Frauenhaus, Gesundheitswesen, evt. auch einen Rechtsberater usw. an einen Tisch zu bringen (das braucht aber nicht unbedingt der im Kindergarten zu sein!).

Absprachen müssen darüber stattfinden, wer was helfend beeinflussen kann, wer für was kompetent ist. Wichtig ist, am Schluß dieser Sitzung eine Aufteilung der Familien- und Einzelarbeit festzulegen und sich auf einen weiteren Termin (in einem viertel oder halben Jahr) zu einigen, um Erfolge bzw. Mißerfolge rückzumelden und neue Absprachen zur Veränderung bzw. Entwicklungsförderung zu treffen. Solche Hilfepläne (vgl. § 36 KJHG) haben die Aufgabe, unsere Arbeit zu strukturieren, in Schritten festzulegen und in Teilziele aufzugliedern. Sie haben damit auch eine Entlastungsfunktion für uns Mitarbeitende, indem die Belastung auf mehrere Schultern verteilt werden kann und somit leichter zu tragen ist.

In der eingangs berichteten Lebenssituation der Familie R. hieße dies: Die verschiedenen Institutionen haben sich zusammenzusetzen; die finanzielle bzw.

Schuldnerberatung übernimmt das Jugend- bzw. Sozialamt, ebenfalls die Frage einer neuen Wohnung. Der Kindergarten, bei älteren Geschwistern auch Hort oder Schule, plant die möglichen weiteren pädagogischen Förderungen. Es wird überlegt, inwieweit gerichtliche Stellungnahmen nötig sind, inwieweit eine einzel- und gruppentherapeutische Beeinflussung für Mutter und Kinder notwendig ist, wer aus der Runde mit dem Vater Kontakt aufnehmen und weitere Schritte einleiten kann. Weiter wird überlegt, ob es sinnvoll und möglich ist, in dieser Familie eine sozialpädagogische Familienhelferin einzusetzen, und welche weiteren Entlastungen und Stützungen notwendig sind.
Es ist erforderlich, bei derart chaotischen, sich massiv und andauernd verändernden Familienstrukturen Ordnungen zu schaffen, die einen äußeren Rahmen bilden, in dem das Kind die Beständigkeit erleben kann, die es zu seiner ungestörten Entwicklung, zu Entfaltung und Wachstum braucht.
So wie diese Ordnung in der familiären Situation für das Kind Priorität in seiner Entwicklungsförderung hat, so ist dies auch in der Alltagsarbeit im Kindergarten zu berücksichtigen.
Das Anliegen der Erzieherin, dem Kind einen Schutzraum, ein „Nest im Sturm“ zur Verfügung zu stellen, darf nicht heißen, dem Kind nur möglichst viel Freiraum zu seiner Entfaltung zu geben. Es muß vielmehr heißen, ein Nest aufzubauen, in dem es sichere Abgrenzungen gibt, das beständig ist, das sich selbst und das Kind „bewahren“ kann.

Für Kinder – und das erfährt jede Erzieherin täglich – ist der geregelte Ablauf eines Tages bzw. Vormittages ungeheuer wichtig. Das Zusammensein muß in einem bestimmten, sich immer wiederholenden Rhythmus

gegliedert sein. Wie bei einer klassischen Symphonie: Es gibt einen festgelegten Ablauf, das Thema wiederholt sich immer wieder, wird aber ständig variiert, um nicht langweilig zu werden; es gibt leise und langsame Teile, dann fröhliche Menuette, dann wieder laute Paukenschläge und Posaunensoli. Der Ablauf ist aber sehr geregelt, in festen Strukturen. Dies ist in der Kindergartenarbeit der Gegenpol (musikalisch: Kontrapunkt) zu der für die hier besprochenen Kinder belastenden familiären Lebenssituation.
Der Erzieherin macht diese ausgleichende Funktion häufig große Schwierigkeiten, weil sie ständig zwischen intensivem Verständnis und Zuwendung einerseits und strenger Einhaltung von Normen und Regeln, Ordnungen und ritualisierten Abläufen andererseits abwägen muß – und dies nicht nur beim einzelnen Kind, sondern in bezug auf die ganze Gruppe.
Wir sollten uns bewußt sein – aus dem Umgang mit Kindern wie Andreas und Sabrina im Eingangsbeispiel –, wie wichtig besonders für diese Kinder bestimmte Fixpunkte im Ablauf des Alltags sind. Es gibt die Begrüßung der Kinder (und wehe, wir vergessen, jedes Kind persönlich mit Handschlag zu empfangen), es ist Sabrinas Aufgabe, den Tisch zum Frühstück zu decken, in der Turnstunde hat Andreas den Auftrag, den großen Ball zu holen, und noch viele andere Rituale, die zur Erhaltung von Kontinuität und damit Sicherheit in festgelegten Abläufen ungeheuer wichtig sind.

Dies sollte für uns der Leitsatz im Umgang mit Kindern aus sich verändernden, belasteten Familienverhältnissen sein: Zuwendung, Verständnis und Offenheit sind unbedingt nötig, um ihr ge- bzw. verstörtes, auffälliges Verhalten zu begreifen und damit umzugehen.

Kinder brauchen in dieser Lebenssituation aber auch unbedingt unsere persönlich Stabilität, die Ordnung, die Regelungen in der Gruppe; nicht nur als pädagogische Beeinflussung zur Störungsvermeidung, sondern für ihre eigene Sicherheit. Grenzen, Rhythmus und Rituale haben damit primär nicht die Funktion von Beschränkungen, sondern sind haltgebend; sie ermöglichen die eigene Kontrolle. Auffälliges Verhalten als Botschaft von Verunsicherung, Ängsten, Ohnmachts- und Schuldgefühlen braucht als Ausgleich einen festen Rahmen und Stabilität in Personen und Situationen.
In einer familientherapeutischen Sitzung sagt die älteste, 17jährige Tochter zu ihren jüngeren Brüdern: „Ich wünsche euch ehrlich auch, daß ihr, wie ich, mal für zwei Jahre in eine Heimgruppe könnt, dort weiß man, was läuft, hat feste – oft blöde – Regelungen, weiß dann aber, was man tun und lassen darf ...“

Hilfen für die Erzieherin

Jede Hilfe für Kinder aus sich wandelnden, belasteten Familiensystemen hat als erstes Ziel, dem Kind trotz der Verunsicherung durch Veränderungen bisher bestehende emotionale und soziale Bezüge zu Personen und Dingen zu erhalten.
Für die Kindergartenarbeit heißt dies: Bewahrung des bisher gewohnten Beziehungssystems in bezug auf die Gruppe, die pädagogischen Mitarbeiterinnen, die gleichen Räume mit gewohnten Spielangeboten, den gleichen Ablauf bzw. Rhythmus.
Nach spieltherapeutischen Stunden sage ich in diesem Sinne den Kindern oft: „Bis zum nächsten Mal; du weißt: gleiche Zeit, gleicher Ort, gleicher Utz...“

Dies verlangt von der Erzieherin selbst ein großes Maß an Stabilität, an Kontinuität, an Geduld und Ausdauer.

Die Erzieherin braucht im Umgang mit Kindern, die mit auffälligen, oft provozierenden Verhaltensweisen reagieren, ein Höchstmaß an „ordnender Kraft" zur Bewahrung der Beständigkeit.

In solchen Krisensituationen hat der Kindergarten die kompensatorisch-ausgleichende Funktion der Ersatzfamilie, die Erzieherin die Rolle einer sichernden, Halt gebenden Ersatzmutter. Welcher Anspruch, welche Überlastung an die verantwortliche Erzieherin! Zum Glück brauchen nicht alle Kinder in der Gruppe diesen intensiven emotionalen Einsatz. Und doch ist er – nach allem bisher Beschriebenen – bei immer mehr Kindern erforderlich.

Hilfen für die Erzieherin lassen sich in zwei Ebenen gliedern:

(1) die gesellschaftliche und Organisationsebene,

(2) die Stützfaktoren, welche die Persönlichkeit der Erzieherin, die in der gegebenen Situation arbeiten muß, betreffen.

Gesellschaftlich-politisch bestehen erhebliche Defizite, was eine wirkliche Hilfe bei Veränderungsprozessen in der Familie betrifft. Es wird zwar viel über die Probleme von Alleinerziehenden und deren Schwierigkeiten bei der institutionellen Tagesbetreuung ihrer Kinder gesprochen, auch über die Probleme bei Trennung, Scheidung, Arbeitslosigkeit, finanzieller Belastung der Familie usw. – die daraus folgernden Veränderungen in der sozialen Jugend- bzw. Familienhilfe sind jedoch sehr spärlich. Wir, als pädagogisch im Alltag mit Kindern Arbeitende, sollten – soweit uns möglich – immer wieder auch politisch aktiv werden.

Denn wir sind kompetent und die primären Ansprechpartner bei Familienkrisen, wir kennen die Lücken, die Probleme, die Schwierigkeiten von Familien und deren Kindern sehr gut. Es reicht nicht, zu klagen und die Schuld „denen da oben" zuzuschieben. Wir stehen in der Verantwortung – auch politisch-gesellschaftlich –, wenn wir Familienarbeit im Kindergarten ernstnehmen! Wie auch beim Umgang mit Kindern ist es wichtig, sich nicht entmutigt zurückzuziehen, zu resignieren. Unser gesellschaftspolitischer Auftrag wird auch im Kinder- und Jugendhilfegesetz (KJHG) gesetzlich festgelegt:
„Eltern und andere Erziehungsberechtigte bei der Erziehung (zu) beraten und (zu) unterstützen, Kinder und Jugendliche vor Gefahren für ihr Wohl (zu) schützen und dazu beitragen, positive Lebensbedingen für junge Menschen und ihre Familien sowie eine kinder- und familienfreundliche Umwelt zu erhalten oder zu schaffen." (§ 1 Absatz 3 KJHG)
Wir dürfen nicht nachlassen, kleinere Gruppengrößen und darüber hinaus Zweitkräfte, ergänzende heilpädagogisch-psychologische Fachberatung für die Erziehenden und Beratungs- und Therapieangebote für Kinder und Eltern zu fordern. Für uns selbst sollten wir auch Fort- und Weiterbildung im Bereich der Heilpädagogik und Zusatzqualifikationen einfordern.

Dabei müssen sich die Erziehenden auch darüber klar sein, daß bei allen Idealen und aller Kompetenz die Arbeit im Kindergarten weitgehend auf sozialpädagogische Gruppenarbeit ausgerichtet ist und die intensive Einzelarbeit zur Be- und Verarbeitung psychischer Auffälligkeiten anderen heilpädagogischen bzw. therapeutischen Institutionen bzw. Mitarbeitern und deren Kompetenz überlassen bleibt und delegiert werden muß.

Und wie im heilpädagogisch-therapeutischen Bereich Tätige, so muß auch die kompetente Erzieherin in Kindergarten, Kindertagesstätte oder Hort darauf bedacht sein, durch Supervision, Fallbesprechungen, Helferkonferenzen usw. erweitertes Verständnis und Entlastung im Austausch mit Kolleginnen und Kollegen aus anderen Bereichen zu erhalten.
Dabei geht es nicht nur um konkrete Ratschläge im Umgang mit den betroffenen Kindern und ihren Familien, nicht allein um Verhaltensmodifikationen, sondern wesentliches Ziel ist es, unsere eigenen Einstellungen und Haltungen zu reflektieren, abzusichern und evtl. zu verändern.
Jede erfahrene Erzieherin kennt die eigenen resignativen bis depressiven Verstimmungen, die dann unserer Person drohen, wenn wir ständig überfordert sind und kaum zu verändernde Zustände im Umfeld des Kindes, bei diesem selbst oder auch in unserem institutionellen Wirkungsfeld sehen. Gerade wenn wir es mit verzweifelten, ängstlich-unsicheren, depressiven Kindern zu tun haben, ist die Gefahr des „Abrutschens“ in gleiche Haltungen sehr groß („nichts ist so ansteckend wie depressive Zustände“). Dabei ist für Kinder aus belasteten Familien die Erhaltung unserer positiven, auch lebenszugewandten und fröhlichen Haltung unbedingt erforderlich und notwendig. Nur über das Vorbild der offenen, aktiven und hoffnungsvollen Erzieherin erkennen die Kinder, daß es auf dieser Welt noch viel anderes, Schönes, Entspannendes gibt, nicht nur die „triste“, angespannte Atmosphäre ihrer familiären Lebenssituation.

Wie das Kind braucht auch die Erzieherin „Inseln im Sturm“, Möglichkeiten zu lebendigen, beglückenden Erfahrungen außerhalb ihrer Arbeit (durch Hobbies, Musik, Gestalten, Tanz, Gespräche im Freundes- und Bekanntenkreis) und auch in ihrem Arbeitsbereich (Gesprächsrunden im Team, Projekte und Feste mit den Kindern usw.).

(Versuchen Sie das Lesen doch bitte kurz zu unterbrechen, und schauen Sie sich Ihre derzeitigen schönen, Ihnen Kraft gebenden Situationen an.)
Diese Erfahrungen sind für uns im Alltagsstreß so wichtig, weil sie uns – auch wieder vergleichbar mit dem Erleben der hier besprochenen Kinder – ermöglichen, Abstand zu finden, unsere emotionale Belastung aus der Distanz anzuschauen und einzuschätzen: Was kann ich dabei tun, verändern, und wo ist es wichtig, die eigene Be- bzw. Abgrenzung zu erkennen? Diese Einschätzung ist wichtig, um dann Hilfe bei anderen zu holen, bei Kollegen, bei fachlichen Diensten und kompetenten Fachleuten.

5. Kräfte und Ressourcen im Veränderungsprozeß der Familie und deren Unterstützung

Meine Idealvorstellung der Kindergartenarbeit strebt eine intensive, institutionell ermöglichte und geforderte Arbeit mit den jeweiligen Familien in Krisen bzw. massiven Veränderungsprozessen an. Sie entspringt der Einsicht, daß der gegenwärtige gesellschaftliche Wandel der Familie es notwendig und unsere zunehmende Einsicht in die Dynamik von Systemen es möglich machen, dem Kind in dieser Situation ein entwicklungsförderndes Umfeld zu verschaffen.

Ich bin Realist und Praktiker genug, um zu wissen, daß diese Idealvorstellung noch viel Zeit braucht bis zur Verwirklichung. Sie gehört jedoch m.E. in das Konzept der Kindergartenarbeit. Der Ansatz der hier beschriebenen aufwendigeren Kindergartenarbeit bezieht sich nur auf einen relativ geringen Teil der Gruppenkinder. Wir können davon ausgehen, daß die meisten Familien und Kinder ohne diese intensive Familienarbeit auskommen, daß sie eigene Kräfte und Ressourcen selbständig aktivieren können, um mit Belastungen und mit Krisen in der Familie fertig zu werden. (Wenn wir bei 20% unserer Kinder und ihrer Familien die Notwendigkeit dieses sehr intensiven Arbeitseinsatzes sehen, so heißt dies andererseits, daß er bei 80% nicht in derartigem Ausmaß notwendig ist.)

Der Aufwand bei dieser Form der Familienarbeit richtet sich sehr stark nach dem Einzugsgebiet des jeweiligen Kindergartens bzw. Hortes. Es ist ein wesentlicher Unterschied, ob die Erzieherin in einer Einrichtung in einem „Problemgebiet" arbeitet oder in einem Wohngebiet, in dem die Eltern aufgeschlossen und auf das Wohlbefinden der Kinder im beschriebenen Sinne bedacht sind.

Dennoch ist es sehr wichtig, daß wir hier nicht wieder unseren Stigmatisierungen „Problemfamilien" bzw. „heile, traditionelle Familien" verfallen. Wir wissen ja alle, wie stark das Kind auch in einer völlig intakt wirkenden Familie durch familiendynamisch „im Untergrund" wirkende Spannungen verunsichert sein kann. Als verantwortliche Miterziehende haben wir für dessen Entlastung zu sorgen. Welche Kräfte im System dieser Familie selbst gibt es, gibt es Ressourcen (d.h. Quellen zur Veränderung bzw. Hilfe), die eine Entspannung in der Elternachse und damit für das Kind ermöglichen?

Auch in diesem Fragebereich steht die Erzieherin wieder am Scheideweg: Was ist meine Aufgabe, wo überschreite ich Kompetenzgrenzen, wo muß ich mich auf meinen eigentlichen Auftrag als Gruppenerzieherin beschränken? Dennoch ist es wichtig, daß die Erzieherin – gerade in ihrer pädagogischen Verantwortung für diese Kinder – ihre Aufmerksamkeit immer wieder auf die Situation in der Familie als der für das Kind primären und prägenden Instanz richtet.

Sehr oft ist es ein wichtiger, ja entscheidender Schritt bei akuten wie auch bei dauernden Belastungen, den Eltern oder Elternteilen einzeln im Gespräch aufzuzeigen, daß sie nicht allein sind, sondern daß sich vielfältige Möglichkeiten bieten, sich Entlastungen, Stützen und Hilfen zur Veränderung ihrer schwierigen Lebenssituation zu holen.

Das Gespräch mit der vertrauten, kompetenten Erzieherin ist häufig schon eine wesentliche Entlastung: Hilfen bzw. Beratungen können von ihr oft leichter als von außenstehenden Beratern oder Therapeuten angenommen werden. Die Erzieherin hat den entscheidenden Vorteil, daß sie auf lange Zeit mit der Familie – zumindest über das Kind – verbunden ist und damit Einblicke wie sonst niemand hat. Besonders auch in der emotionalen Beziehung zu den Eltern – über ihre Bedeutung für das Kind – wird sie im Erleben der Eltern häufig als wichtigste Vermittlerin psychosozialer Beratung akzeptiert („denn die kennt unser Kind ...“). Bevor wir jedoch Eltern beraten können, müssen wir uns selbst kundig machen. Wir brauchen die Informationen aus den Beobachtungen der Kinder, aus unseren eigenen Aufzeichnungen. Wir brauchen den Kontakt zu den Eltern, das Wissen um deren Lebenssituation, nicht nur in der Kernfamilie, sondern auch im erweiterten Verwandtschafts-, Freundes- und Nachbarschaftssystem, dem sozialen Netzwerk der Familie, aus dem sie Kräfte schöpfen kann bzw. könnte. Wir brauchen Informationen zu institutionellen Diensten und fachkompetenten Einrichtungen, zu Beratungsstellen bei Trennung und Krisen in der Familie, zum Allgemeinen Sozialen Dienst des Jugendamtes, zu Kliniken, Frauenhaus, Selbsthilfegruppen usw. Wir brauchen eigene Kenntnisse und Konzepte zur systemi-

schen Arbeit in und mit Familien. Und wir brauchen die Fähigkeit, Kräfte im System selbst zu aktivieren und unsere eigene Abgrenzung im Systemgeschehen zu wahren.
Familien benötigen bei besonderen Belastungen in Krisensituationen Ansprechpartner, die ihnen in einer Phase, in der sie meist starr auf die belastende, konflikthafte Situation zentriert sind, helfen, sowohl die eigenen Kräfte und Ressourcen zu erkennen als auch die im sozialen Netzwerk ihrer Umgebung.
Im Gespräch mit den Eltern ist es dabei sehr hilfreich, nicht nur über die Adressenliste die geeigneten, speziellen Institutionen zu empfehlen, sondern auch die Mitarbeiter dieser Einrichtungen zu kennen. Damit erleichtern wir Eltern sehr, die „Hemmschwelle“ zu überwinden, eine fachspezifische Beratungsstelle aufzusuchen. Zu diesem Kennenlernen von Institutionen und deren Mitarbeitern sind gemeinsame Treffen auch im Vorfeld von Schwierigkeiten (z. B. gemeinsame Veranstaltungen der Kindergartenmitarbeiterinnen, Einladungen und direkte, gegenseitige Besuche) unbedingt zu empfehlen.

Hilfen für die Kinder

Ein interessantes „Aha-Erlebnis“ ergab sich für mich durch das Gespräch mit einer Gruppe von Jugendlichen, die in Trennungsfamilien aufgewachsen sind. Diese Jugendlichen diskutierten auf dem Podium nach einem Fachkongreß zu Trennungsfolgen bei Kindern. Zwei Tage hatten hochkompetente Fachleute über die notwendigen, sehr differenzierten psychotherapeutischen und sozialpädagogischen Hilfsangebote für

Kinder aus belasteten Familien intensiv referiert und diskutiert.

Ein Ergebnis des anschließenden Gruppengesprächs für Jugendliche war – zum Erstaunen der Fachleute –, wie stark sie betonten: „Wir sind keine besonderen, andersartigen Kinder, wir sind wie alle anderen, behandelt uns nicht so ‚besorgt', laßt uns doch in Ruhe. Oft haben wir den Eindruck, wir müssen den Erwachsenen, besonders unseren Eltern, mehr helfen, als uns geholfen wird. Laßt uns unsere normale Entwicklung; wir brauchen unsere Freunde, unsere Kameraden, die Clique, unseren Verein – die sind die wertvollste Hilfe. Wir wollen genauso behandelt werden wie alle anderen ..."

Für den Umgang mit den Kindern im Alltag des Kindergartens heißt dies: Zuallererst brauchen Kinder aus sich verändernden, belasteten Familien die „ganz normalen" Beziehungen zu anderen Kindern und Erwachsenen. In der Gruppe können sie gemeinsame Aktivitäten und Spiele, Freude und Ausgelassenheit, auch Konflikte und deren Auflösung erleben. Die kompetente Erzieherin schafft in ihrer Gruppe eine Situation, in der sich alle Kinder sozial, emotional und kognitiv ihrem Alter entsprechend störungsfrei entwickeln können.

Damit ist wohl die entscheidende Hilfe auch für die hier besprochenen Kinder gegeben. Die Kinder haben so eine für sie wesentliche entwicklungsfördernde Lebenssituation. Sie hilft, die belastenden, verwirrenden Einflüsse des familiären Lebensfeldes auszugleichen. Dies ermöglicht Kindern, die „Insel" zu genießen, sich zu freuen, zu realisieren, daß es durchaus Situationen gibt, in denen sie schön entspannt mit anderen spielen können, daß Kinder und Erwachsene auch ohne heftigen Streit miteinander zurechtkommen können usw.

Denn das ist für jedes Kind das Wichtigste: zu spüren, daß es in seiner Entwicklung physisch und psychisch Freiräume hat, daß es sich seinen Fähigkeiten entsprechend entfalten kann und Erfolge erlebt, daß es in der intensiven Beziehung zu Alterskameraden und Erwachsenen seine eigene Person als angenommen und wertvoll erleben kann. M. Buber beschreibt dies so: „Der Mensch wird erst am Du zum Ich."

Diese Argumentation für eine ganz normale Alltagssituation im Kindergarten widerspricht nun keinesfalls unserer bisherigen Betonung, daß Kinder aus verunsichernden Familiensystemen besonderer Hilfe in ihrer Entwicklung bedürfen. Kinder sind, wie alle Menschen, sehr verschieden und erleben das Gleiche auch unterschiedlich. Und jedes Kind braucht in seiner Eigenart, seiner Individualität und seinen geprägten Einstellungen, in seinen Haltungen und Fertigkeiten – aber auch Defiziten und Schwierigkeiten – unser besonderes pädagogisches Eingehen, spezifische, auf seine Persönlichkeit und Situation bezogene erzieherische Umgangsweisen.

Wie wichtig ist beispielsweise in der regulären Bearbeitung des Themenbereichs „Unsere Familie" für die Erzieherin das Wissen um den familiären Hintergrund der Kinder ihrer Gruppe! Wie stark ist in Bilderbüchern, in Erzählung und Märchen immer noch die Gefahr, ein Bild der „heilen Familie" darzustellen, das für das Kind ein unerreichbares „traumhaftes" Ideal darstellt! Manche der hier besprochenen Kinder müssen dann massiv abwehren, um nicht den allzu großen Schmerz durch den Vergleich zu ihrer eigenen familiären Realität zu empfinden.

Im Stuhlkreis wird das Thema Familie besprochen. Ulrich steht auf, läuft herum, stört die anderen, macht ein geordnetes Gespräch in der Gruppe nicht mehr möglich (vgl. Botschaft des auffälligen Verhaltens). Ulrich kann diese Situation nicht aushalten, denn er will im Kindergarten nicht an die dauernden heftigen Streitszenen zwischen seinen Eltern zu Hause erinnert werden ...

Dies ist ein Problem, das uns sowohl in der sozialpädagogischen als auch therapeutischen Arbeit permanent beschäftigen muß: Wieweit ist die Thematisierung, das Angehen in Gespräch oder Spiel der das Kind belastenden Themen notwendig und hilfreich? Wieweit sind wir gehalten, immer wieder diese Themen wie Trennung der Eltern, Tod eines Angehörigen, Krankheit oder Gewalt in der Familie zu bearbeiten, um dem Kind damit Möglichkeiten zur Verarbeitung anzubieten, um es zur Offenlegung seiner Verletzungen, seiner Enttäuschungen, seiner Wut, Trauer und Verzweiflung anzuregen? Wieweit sollten wir seine Abwehr, seine Verleugnung („so schlimm ist es ja gar nicht"; „meine Eltern sind lieb zu mir und zueinander") akzeptieren und ihm ersparen, durch unsere pädagogisch-therapeutischen Ambitionen „Wunden, die verheilen, wieder aufzureißen".

Wie jede Fachkraft im psychosozialen Bereich weiß, ist diese Frage nicht mit Ja oder Nein zu beantworten. Auch hier ist unsere wichtigste pädagogische Fähigkeit die intuitive Erfassung des kindlichen Erlebens, seiner Bedürfnisse, seiner Nöte und seines inneren Bezugsrahmens. Notwendig ist eine wechselseitige intensive Beziehung, die dem Kind ermöglicht, uns mitzuteilen, was es in seinem Erleben beschäftigt und was es bedrückt, aber auch unser Feingefühl, zu erfassen, wann das Kind dazu in der Lage ist und wo es auch unsere Respektierung, unsere Akzeptanz seiner Geheimnisse, den Schutz seines Erlebens braucht.

Entscheidend ist auch hier die persönliche Haltung der

Erzieherin gegenüber der Person des Kindes, für das sie Verantwortung trägt.

Sowohl das System der Familie als auch das einzelne Kind haben Eigenkräfte, Ressourcen in sich, um mit Problemen und Belastungen umzugehen. Diese Sichtweise verlangt von uns die Distanzierung von der „Helferrolle". Das Kind zeigt den Weg, wir begleiten und versuchen Barrieren und Hemmungen seiner Entwicklung zu beseitigen.

Ausnahmen in dieser Haltung des Vertrauens auf die Eigenkräfte des Kindes sind Leib und Seele des Kindes gefährdende Situationen in der Familie wie Gewaltanwendung, sexueller Mißbrauch, Süchte, psychiatrisch einzuordnende Störungen der Eltern usw. Dann ist unser schnelles, entschiedenes Eingreifen zum Wohlergehen und Schutz des Kindes notwendig – auch dies in Absprache mit Fachkollegen, im Team oder anonym über entsprechende Stellen. Die Aufgabe der Erzieherin im Kindergarten ist, den Rahmen, die offene Situation herzustellen und die Beziehung zum Kind so zu gestalten, daß es sich über sein belastendes Erleben gegenüber anderen (beim Malen, beim Spiel in der Puppenecke, im Rollenspiel, im Gespräch usw.) äußern kann, ihm Gelegenheiten und Anregungen zu geben, seine sozialen und psychischen Schwierigkeiten in und mit seiner Familie auszudrücken.
Zu warnen ist vor einem „forcierten", aufdeckenden, Problemäußerungen provozierenden Vorgehen! Das Kind braucht im Kindergarten die aktivierende, die entwicklungsfördernde Gruppensituation, es braucht die Möglichkeit, seine emotionalen Belastungen auszusprechen bzw. auszuspielen.
Wenn wir spezifische psychische Probleme des Kindes angehen wollen, müssen wir vorher genau überlegen,

welche Möglichkeiten das Kind hat, sie mit uns zu be- und zu verarbeiten. Wieviel Zeit kann ich erübrigen, auch mit dem Kind alleine zu sprechen und zu spielen, habe ich Gelegenheit, mich mit einer Kleingruppe betroffener Kinder zurückzuziehen, um ein belastendes Thema (Streit zu Hause, Gewalterfahrungen durch die Erwachsenen usw.) zu bearbeiten? Habe ich im Alltag des Gruppengeschehens Zeit, Geduld und Ruhe, auch die Kraft, so viel Einfühlungsvermögen und eigene Belastung zusätzlich aufzubringen?

Auch hier ist es für die verantwortungsbewußte Erzieherin unbedingt nötig (möglichst wieder im Gespräch mit anderen), abschätzen zu können, wo ihre zeitlichen, persönlichen und fachlichen Grenzen sind. Wir müssen nicht alles alleine machen!

Unterstützung für die Eltern im Veränderungsprozeß

Eltern sind in der Entwicklung des Kindes in der Regel die ersten und entscheidenden Bezugspersonen. Sie sorgen für Pflege, Reifung und Entfaltung und werden gesellschaftlich für das leibliche und seelische Gedeihen ihrer Kinder so gut wie alleine verantwortlich gemacht.

Öfter als man meint, sagen mir Mütter nach einer Beratungsstunde wegen ihres überall negativ auffallenden Kindes: „Hätte ich gewußt, wie schwierig es ist, Kinder großzuziehen, hätte ich's mir gründlicher überlegt ..."

Und dennoch bekommen Eltern Kinder und sind meist glücklich mit ihnen. Kinder sind Träger unseres Lebenssinns, oft auch Kraftreserven – gerade in belastenden Lebensphasen –, die uns helfen können, durchzuhalten und „am Leben zu bleiben“. Kinder können bei Eltern Kräfte und Ressourcen freisetzen. Dies ist bei Kindern im Kindergartenalter vor allem im emotionalen Bereich der Fall: Schmusen, auf dem Schoß sitzen, mit großen Augen anschauen, ohne Anspruch zu streicheln, fröhlich beim Spielen mitrennen, Blödsinn machen ... Hier geben Kinder oft Beispiele dafür, wie wir als Erwachsene verlorengegangene (durch Leistungsdenken, eingeschliffene Haltungen usw.) Lebens- und Erlebensbereiche im Spiel, durch Bewegung und in direkter Zuneigung verwirklichen können bzw. könnten.

Familienarbeit im Konzept des Kindergartens heißt, an der Elternachse anzusetzen, sich den Eltern als Gesprächspartner anzubieten und ihnen auch „Türöffner“ zu geben, d.h., ihnen die Hemmschwelle, mit der Erzieherin zu sprechen, möglichst klein zu halten.

Der Zugang zu Eltern aus sich verändernden, belasteten Familien ist schwierig und erfordert oft viele Ideen, wie wir unsere Kommunikation eröffnen und dann auch halten können. Wir müssen immer wieder versuchen zu diesen oft abwehrenden, Gespräche vermeidenden Eltern Kontaktmöglichkeiten zu finden und dürfen den eventuellen Mehraufwand nicht scheuen. Erste Kontakte zu dem „meist abwesenden Vater“ ergeben sich möglicherweise, wenn er beim Eltern-Kind-Nachmittag am Grill steht und Würstchen brät. Beim Ausflug geht die Mutter längere Zeit mit der Erzieherin alleine. Bei regulären Hausbesuchen hat die Erzieherin Gelegenheit, nicht nur die Interaktion und die Räume zu sehen, die Eltern haben auch den „Platzvorteil“, um unbeschwerter, offener zu sprechen.

Ich genieße als Kindertherapeut meist das Spiel und das Gespräch mit Kindern und Jugendlichen; die Arbeit mit den Eltern ist oft sehr viel unbefriedigender, zäh und anstrengend, häufig viel frustrierender ...

Grundsätzlich ist es wichtig, beide Elternteile – wenn irgendwie möglich – gemeinsam einzuladen. Dies nicht nur, um gesellschaftlich stetig und immer mehr das Vorurteil aufzulösen, die Mutter sei für die Erziehung allein zuständig und besonders bei Problemen allein verantwortlich. Auch für unsere Informationen und unsere Beziehung zum Kind ist es wichtig, den Vater zu hören und zu sehen, ihm zu begegnen. Dies ist bei krisenbelasteten, zerstrittenen Eltern meist besonders schwierig. Dennoch scheint mir die Arbeit mit beiden Eltern eine wesentliche Voraussetzung in der sozialpädagogisch-psychologischen Begleitung des „gemeinsamen Sorgerechts", das auch juristisch im Scheidungsprozeß heute als Ideallösung angestrebt wird und doch im Alltag ungeheuer schwer zu verwirklichen ist.

In der familientherapeutischen, systemischen Arbeit beweist sich dabei immer wieder, wie wichtig es ist, im Gespräch mit einem Paar auch auf der Seite der Profis, der Beratenden, ein „Paar" als gegengeschlechtliche Gesprächspartner anzubieten. Damit wird dem Vater ein männliches Pendant gegeben, von dem er erwartet, daß es ihn als Vater, als Mann eher verstehen kann, das ihm eine Projektionsfläche für seine Wünsche und Bedürfnisse, aber auch für Enttäuschung, Wut und Ärger bietet (psychoanalytisch ausgedrückt: geschlechtsgebundene Übertragungsprozesse möglich macht).

Deshalb ist es angesichts der Dominanz weiblicher Fachkräfte im Kindergarten wichtig, ergänzend männliche Gesprächspartner für Elterngespräche zu finden. Dies kann, wenn vorhanden, ein männliches Teammitglied sein, ein Fachberater, ein Mitarbeiter aus einer kooperierenden Institution usw. Dabei reicht es natürlich nicht, nur einen „Mann“ dazu zu setzen, sondern es sollte ein erfahrener, fachkompetenter Mitarbeiter und die Beziehung zwischen dem Beratungs-Paar ausgewogen sein. In der systemischen Arbeit besteht die sogenannte „Null-Regel“. Das heißt, vor der gemeinsamen Arbeit mit einem Paar oder einer Familie müssen sich die Co-Berater bzw. -Therapeuten Zeit nehmen, um sich kennenzulernen. Sie sollen sich über ihre persönlichen Einstellungen und Haltungen, auch über die Ziele der Arbeit, die angestrebten Veränderungsmöglichkeiten, die Strukturierung des Gesprächs, die Steuerung des Verlaufs usw. austauschen. Wir müssen in diesen Gesprächen im Kindergarten streng darauf achten, daß sie primär dem Wohlergehen des Kindes dienen. Das Gespräch muß auf das Kind bzw. die Interaktion der Eltern mit ihrem Kind zentriert bleiben. Die Versuchung ist groß und besteht ständig, sich auf die Paarachse der Eltern zu begeben, dazu verführt zu werden, in den Dauerclinch der Eltern, ihre früheren Verletzungen durch den Partner, die wechselseitigen Schuldzuschreibungen hineingezogen zu werden und damit in eine Richterfunktion zu geraten. Unsere Funktion beim Gespräch mit den Eltern der Kinder, die aus belastenden Familien kommen, hat die Aufgabe – auf der Grundlage der Neutralität –, den Eltern zu helfen, ihre Aufmerksamkeit, ihr einfühlendes Verstehen, ihre Einsichten auf die psychische Situation ihres Kindes, sein verunsichertes Erleben durch die sich verändernde Familiensituation zu lenken.

Es geht darum, den Eltern Schuldentlastung zu ermög-

lichen, indem wir Streit, Konflikte, die Vielfalt der Lebensformen und auch Belastungen in der Familie nicht von vornherein als negativ und als soziale und psychische Störungen beim Kind verursachende Bedingungen etikettieren. Wir sollten uns bemühen, den Eltern durch einfühlendes Verstehen usw. (zu den Regeln der Gesprächsführung gibt es viel Literatur, speziell auch für die Kindergartenarbeit) verständlich machen, daß Kindergarten und Familie, Erzieherin und Eltern „im gleichen Boot sitzen“, in der Sorge und Bemühung um das Wohlergehen des Kindes.
Es geht im hier beschriebenen systemischen Ansatz darum, den Eltern einsichtig zu machen, kindliches Verhalten und Erleben aus seiner Interaktion mit seinem Umfeld – Familie, Kindertagesstätte usw. – zu verstehen.
Wie beim Kind selbst, so ist es auch in der Elternberatung wichtig, nicht nur einfühlsam und verständnisvoll zu argumentieren, sondern auch Strukturen einzuführen, Regeln und Ordnungen des Umgangs in der Familie als notwendig und hilfreich darzustellen. Gerade in Familien, die von Trennungen, Ablösungen, Gewalt, Sucht usw. bedroht und belastet sind, ist es besonders wichtig, Veränderungsmöglichkeiten zu suchen und aufzuzeigen, diese eventuell auch streng zu setzen.
Die neben der verständnisvoll-entlastenden Gesprächshaltung auch „führende, anleitende Funktion“ ist notwendig, um Eltern im Prozeß der Familienveränderung eine Strukturierung zu ermöglichen, Prioritäten zu setzen und Chaos zu ordnen, so daß bei der Vielzahl der Schwierigkeiten in der akuten, krisenhaften Lebenssituation das Kind nicht übersehen bzw. vergessen wird. Eine weitere Aufgabe dieser Gespräche ist, gemeinsam Kräfte und Ressourcen im fa-

miliären System und im Umfeld zu entdecken und zu entwickeln, die zu einer Entspannung und Entlastung beitragen können. Häufig wird das erweiterte, verwandtschaftliche Familiensystem (Brüder und Schwestern der Eltern, deren Eltern usw.) abgelehnt bzw. abgewehrt – sei es aus der eigenen Erziehungsgeschichte, aus Scham und Verunsicherungen oder aus der Angst, wieder allein schuldig gemacht zu werden. Oft genügen in der Elternberatung konkrete Hinweise und Ratschläge zur entlastenden Alltagsgestaltung. Z. B. erzählt das Kind im Kindergarten von seiner lieben Patentante. Die Erzieherin rät den Eltern, diese anzusprechen, ob sie einen Abend pro Woche auf die Kinder aufpassen könne, damit sie gemeinsam etwas unternehmen könnten. Belastete Familien schotten sich gegenüber früheren Freunden, Bekannten, Vereinskameraden häufig ab. Anregungen und Regelungen mit dem Ziel, die Familie nach außen zu öffnen, ihnen Kontakte zu ermöglichen, sind häufig wichtiger als die verbal gegebenen pädagogischen Ratschläge. Das Handeln, die aktive Veränderung ist in dieser Lebenssituation das Ziel! Erich Kästner meint in diesem Sinne: „Es gibt nichts Gutes, außer man tut es."

Welcher Art die Krisen und Belastungen in der Familie auch sind, die Eltern brauchen die Kraft – und zu deren Entfaltung oft auch die Unterstützung durch die verantwortliche Erzieherin – über ihre derzeitigen Probleme die notwendige Zuwendung und Beschäftigung mit ihren Kindern nicht zu vernachlässigen.

Für das Erleben des Kindes ist es ausschlaggebend, daß die Eltern trotz Trennung, trotz Tod oder Krankheit in der Familie, trotz massiver finanzieller Belastungen usw. für es da sind, daß es die entwick-

lungfördernde Zuwendung und Unterstützung bekommt, damit es nicht durch Spannungen, Streit und Überlastung in der Familie so verunsichert und geängstigt wird, daß begleitende oder Spätfolgen abzusehen sind.
Oft übersteigt die erforderliche Arbeit mit den Eltern die zeitlichen, institutionellen und auch persönlichen Möglichkeiten der Erzieherin im Kindergarten, Hort usw. Dann ist es auch in der Elternarbeit wichtig – im Gespräch mit Fachkollegen u. a. –, rechtzeitig Grenzen der eigenen Arbeit zu erkennen und zu setzen. Die Erzieherin muß mit den Eltern ergänzende Hilfen, Unterstützungssysteme, Ressourcen in deren Lebensfeld finden und entwickeln oder auch fachspezifische, professionelle, beratend-therapeutische Einrichtungen einsetzen – bzw. an diese verweisen. Eltern bzw. Elternteile haben die Möglichkeit, sich Hilfe in Erziehungsberatungsstellen zu holen, sich bei Krisen in Paarberatungseinrichtungen beraten zu lassen, sich bei Problemen in ihrem Familiensystem an Institutionen zur Familien- und Lebensberatung zu wenden und sich bei Trennungs- und Scheidungskonflikten in spezialisierten Beratungsstellen in diesem Prozeß begleiten zu lassen.

Die Erzieherin ist häufig die erste und einzige im sozialen Umfeld der Eltern, die in Krisen und bei Problemen angesprochen werden kann. Bei dem Abbau und der Auflösung der Schwierigkeiten in der Familie (ob sozialer, psychischer, beruflicher, finanzieller Art) hat die Erzieherin die Chance, mit den Eltern die Kräfte und Ressourcen im System ihrer Familie zu erkennen und zu aktivieren.

Kräfte und Ressourcen in der Familie

In der systemischen Arbeit ist die wichtigste Zielrichtung, die Eigenkräfte bei einzelnen oder Gruppen in der Interaktion mit ihrem Umfeld zu entwickeln und zu entfalten.
Nicht nur unsere Hilfe selbst ist entscheidend, sondern den einzelnen (ob Kind oder Erwachsener) und das jeweilige Lebenssystem so zu stärken, zu aktivieren, daß Eigenpotentiale tragend sind bzw. werden.
Das bedeutet z. B., aus der Spirale von Anleitung, direkter Führung, von Schimpfen und Drohen herauszukommen und dem Kind Möglichkeiten zu schaffen, seine Kräfte zur Eigensteuerung und -kontrolle selbst zu entwickeln. Das Kind kann so wesentlich besser seinen Eigenwert und seine Fähigkeit, sich selbst zu behaupten, erfahren.

Die Familie hat in ihren vielfältigen Formen des Zusammenlebens, trotz vieler kritischer Zweifel, vermocht, Jahrtausende zu überdauern. Was immer ihre Funktion im „Generationenvertrag" ist, sie ist offensichtlich als lebendiges System geeignet, Kräfte zu entwickeln und sich den jeweiligen Anforderungen und Belastungen gegenüber zu behaupten bzw. anzupassen zu können.
Wir müssen uns dabei jedoch von der idealisierten Normvorstellung der Zweielternfamilie mit Kindern, die dauerhaft zusammen lebt, lösen. Diese Form wurde nach Erkenntnissen von Familienhistorikern in unserem Kulturkreis erst Ende der 50er Jahre dieses Jahrhunderts als ideale Normfamilie generalisiert. Es

ist vielmehr die Kraft der Familie, gerade in der Vielfalt ihrer Formen wandlungsfähig zu sein.
Diese Perspektive soll aus der Vorstellung aufgelöster, zerstörter Familienstrukturen hinausführen und deutlich machen, daß in der heutigen für Familien oft schwierigen Zeit die Kräfte und Ressourcen auch in Teilfamilien und in sich wandelnden Familien liegen. Nicht die Form oder jeweilige Struktur ist entscheidend, sondern das Erleben des Kindes und der anderen Familienangehörigen: Wie können Beziehungen erlebt werden, welche gefühlsmäßigen Bindungen bestehen?
Lebt der Vater in Hamburg und die Mutter mit den Kindern in Stuttgart, so ist dies – einmal abgesehen von äußeren Lebensbedingungen wie Beruf etc. – möglicherweise eine bewußte Entscheidung, die zum Wohlergehen aller Familienangehörigen beiträgt. Lebt die Mutter oder der Vater alleinerziehend mit den Kindern, so ist dies nicht unausweichlich „schicksalsbedingt" (wie z. B. durch Krankheit, Tod), sondern ist aktiv entschieden, weil nur so eine positive, für jeden entwicklungsfördernde Form des Zusammenlebens möglich ist.
Wieviel Kraft, wieviel Energie ist beispielsweise für Eltern erforderlich, um zu erkennen und einzusehen, daß es besser ist, ein Kind in eine Pflegefamilie zu geben, wenn die Eltern erkennen, daß ein Zusammenleben in der bisherigen Familienstruktur nicht mehr möglich ist und sich zum Schaden des Kindes auswirkt.
Auch die heute sich immer weiter verbreitende Form der „Patchworkfamilie" kann als Ergebnis der Flexibilität der Familie und ihres Mutes zur Erprobung neuer Strukturen gesehen werden, als eine Entscheidung, aus zwei Familiensystemen ein gemeinsames zu schaf-

fen, um mehr an Kräften und Ressourcen zum Wohl aller Mitglieder aktivieren zu können. Dieser Perspektivenwechsel vom Desorganisations- zum Reorganisationsmodell der sich verändernden Familie ermöglicht, die Kräfte und Ressourcen in der Familie selbst zu sehen und auf die Eigenkräfte und -entscheidungen der Familie vertrauen und zu ihrer Stärkung und weiteren Entfaltung beitragen zu können.

Noch einmal: Das Erleben des Kindes wie auch der anderen Familienangehörigen ist entscheidend, die Form bzw. die Struktur ist zweitrangig (jedoch auch wichtig!).

Innerhalb des Systems der Familie lassen sich in Subsystemen die Kräfte auf verschiedenen Ebenen erkennen und dann auch verändernd beeinflussen: einmal in der Elternachse, dann in der Geschwisterachse, dann in der Mehrgenerationenebene (Großeltern etc.) und in der Interaktionsebene zwischen diesen Subsystemen.

Die Eltern- bzw. Paarachse wurde schon dargestellt. Die Geschwisterebene ist gerade im Kindergartenalter für das Kind oft eine sehr entscheidende. Alltagsverhalten, soziale Muster des Umgangs miteinander und emotionale Reaktionen sind beeinflußt von Geschwistern. Das Verhalten und Erleben des Kindes in der Gruppe kann häufig miterklärt werden aus seinen Beziehungen zu Schwestern und Brüdern oder aus seinem Aufwachsen ohne Geschwister. Die große und wachsende Zahl der Einzelkinder erhöht die Bedeutung der sozialen Erziehung in Kindertagesstätten und in anderen sozialen Gruppen. In Veränderungsprozessen der Familie haben die Geschwister meist eine sehr bedeutende Stützfunktion. Sich gegen die Eltern zu stellen, sich altersgemäß von ihnen abzulösen, wird erleichtert, wenn die Kinder ein Subsystem von Geschwistern haben.

Bei Geschwistern wie auch bei Einzelkindern hat die Beziehung zu Alterskameraden ähnliche Reaktionen im Interaktionsverhalten zur Folge. Im Gruppenalltag des Kindergartens oder Hortes kann die aufmerksam beobachtende Erzieherin dies feststellen.

Die Mehrgenerationenperspektive in ihrer großen Bedeutung für das Kind läßt sich aus der familientherapeutischen Erfahrung auch im Kindergartenalltag erkennen und übertragen. Die Herkunftsfamilie der Eltern – Großeltern und Verwandte – gibt dem Kind bei Krisen in der Familie ein Netz, das für das Kind wie auch für das ganze System der Kleinfamilie einen tragenden, überdauernden Grund bildet.

Die Wurzeln der Familie, damit auch der einzelnen Mitglieder, sind sowohl für uns Erwachsene als auch für das Kind für den Aufbau von Werten, Einstellungen und Haltungen von großer Bedeutung. Sie stellen Ressourcen dar, im Sinne von verfügbaren Mustern, Möglichkeiten Haltepunkten. Auch die verwandtschaftlichen Bande in der Großfamilie sind in der realen Beziehung keinesfalls nur harmonischer, entlastender Art. Für das Kind haben sie ebenfalls Modellcharakter in sozialen Lernprozessen: Wie die Eltern mit ihren Eltern, Schwestern und Brüdern zurechtkommen, wie frühere emotionale und soziale Erfahrungen der Eltern in ihrer Herkunftsfamilie die derzeitige Lebenssituation der Kernfamilie beeinflussen. Hier haben der Entwicklungsverlauf im Mehrgenerationenprozeß, die Geschichte von Bindungen und Trennungen, verdeckte, tabuierte Ereignisse, Mythen und Muster durch mehrere Generationen enorme Bedeutung.

Als Beispiel: Eine Mutter meldete sich zur Familientherapie an, weil die 14jährige Tochter ständig von Tod und Sterben sprach, immer wieder bei Konflikten mit Selbstmord drohte und sich selbst dabei als verrückt, völlig „abnorm“ erlebte. Die Eltern und Geschwister waren deshalb psychisch sehr belastet; alles kreiste in der Familie um diese Tochter. Wir konnten über die Eltern die Omas (die Opas waren verstorben) und eine Uroma einladen. Die Großelterngeneration sperrte sich anfangs sehr, die „dreckige Wäsche der Familie vor anderen zu waschen“. Nach einigen Gesprächen ergab sich ein Wendepunkt – besonders im gut sichtbaren, entspannteren Verhalten der Jugendlichen, die „aufatmeten“. Die Uroma erzählte nämlich – was keiner in der Großfamilie wußte – daß sich der Uropa stranguliert hatte: ein streng gehütetes Geheimnis, das erst durch die Auffälligkeiten in Erleben und Verhalten in der Urenkelgeneration gelüftet bzw. bearbeitet werden konnte.

Die Bedeutung der „Großfamilie“ für Kinder darf in der Kindergartenarbeit nicht übersehen werden und kann mit Aktivitäten wie Besuchsnachmittagen, Festen mit Omas und Opas usw. berücksichtigt. Jeder weiß, wie wichtig für das Kind der Ausflug mit Tante und Onkel ist, das Häuschenbauen mit dem Opa im Garten, das Backen mit der Oma usw.; dies ganz besonders für Kinder, die mit alleinerziehenden Müttern oder Vätern aufwachsen. Aber auch generell ist die wesentliche Funktion des erweiterten Familiensystems, den Kindern „Inseln im Sturm“ bieten zu können. Oma und Opa, Onkel und Tanten können den betroffenen Kindern im Sturm der krisengeschüttelten Kernfamilie Abstand gewähren und stellen oft Halte- und Ruhepunkte dar. Die Verwandtschaft hat für die

hier beschriebenen Familien auch ganz reale Unterstützungskräfte zu ihrer Entlastung: durch zeitweilige, dringliche Versorgung der Kinder, finanzielle Unterstützungen, durch Rat und Hilfe.
Es gibt auch die – paradox erscheinende – Möglichkeit der „Familienarbeit ohne Familie". Im Erleben, in der Kopfwelt des uns anvertrauten Kindes hat die Familie wesentlich Kräfte zur Entwicklungsförderung, zu seinem psychischen Wohlergehen – auch wenn die Familie (bzw. Teile davon) für uns real nicht erreichbar ist.

Das Erleben des Kindes in seinem erweiterten sozialen Netzwerk

Das Netz hat für uns im Alltagsverständnis mehrere Bedeutungen: zum einen als Netz, das Halt gibt und auffängt, z. B. für den Artisten im Zirkus, der den Sprung verfehlt und beim Sturz vom tragenden Netz unter ihm gehalten wird; dann das Netz als klammernde, klebende Verstrickung im Bild des Spinnennetzes, in dem die Mücke gefangen ist und keine Chance hat, wieder frei davonzufliegen; und das Netz als Verbindung mit Knotenpunkten, was als Veranschaulichung z. B. bei institutionellen Netzwerken benutzt wird, bei dem verschiedene Einrichtungen (wie Kindertagesstätten, Beratungsstellen, Schulen, Jugendamt usw.) miteinander durch Kooperation in Verbindung stehen.
Netzwerkarbeit im systemischen Ansatz heißt: Wo gibt es Kräfte und Ressourcen, die vom einzelnen oder von der Gruppe (Familie, Kindergartenteam, Nachbarschaft, Vereine usw.) als Unterstützung herangezogen und aktiviert werden können?

Wie die Familie, so lebt auch das Kind in einem weitverzweigten sozialen Netzwerk. Für die Arbeit der Erzieherin heißt dies zu fragen: Wo gibt es über die Gruppe selbst (im Kindergarten, Hort usw.), über die Arbeit mit der Familie und erweiterten Verwandtschaft hinaus das Kind und sein Leben bzw. Erleben beeinflussende und prägende Bezugspersonen – auch Dinge oder Tiere –, die ihm helfen, durch enge emotionale Beziehungen schwierige, belastende Situationen auf kindgemäße Weise zu verarbeiten.
Der sechsjährige Rainer will mit mir in der Werkstatt eine Kiste bauen, in der sein Meerschweinchen Friedolin wohnen kann. Er erzählt mir, während wir eine große Holzkiste als gemütliche Wohnung für den Friedolin bauen, daß er „seinen Friedolin als liebsten in der ganzen Familie" hat ... Er kann mit ihm spielen und schmusen oder traurig sein. Er kann mit ihm sogar sprechen, denn – wie Rainer erzählt – „er versteht mich immer. Als letzthin der Papa wieder besoffen heimgekommen ist und die Mama geschlagen hat, da hat sich der Friedolin ganz eng in meinen Arm gekuschelt und hat mich getröstet, er kitzelt mich dann ..."
Friedolin ist in Rainers Erleben wertvoll, auch die Holzkiste als beschützender Raum für Friedolin entspricht seiner kindlichen Projektion, indem er sich mit Friedolin identifiziert und in seinem schutzlosen Ausgeliefertsein sein Nest baut.
Die vierjährige Silke erzählt: „Weißt du, seit mein Papa gestorben ist, muß Mama ganz viel Kaffee trinken, Zigaretten rauchen und fernsehen. Dann darf ich sie nicht stören, sonst schimpft sie ganz arg ... Ich gehe dann zu der alten Frau, die neben uns wohnt, die sitzt im Rollstuhl und freut sich immer, wenn ich komme. Die liest mir aus ihrem Buch vor oder wir sitzen ganz still zusammen und machen ein Puzzle ..."

Jede aufmerksame, sich einfühlende Erzieherin kennt eine Vielzahl solch anrührender Erzählungen ihrer Kinder, die altersentsprechend nicht zwischen Personen, Tieren und Dingen unterscheiden, sondern im magisch-animistischen Denken und Erleben Reales und Irreales gleichsetzen. Sie können im Spiel mit der Puppe oder dem Schmusetier ausdrücken, was sie beschäftigt, was sie bedrückt oder erfreut. Sich mit der Puppe identifizierend, ihre „eigene Seele einhauchend", bearbeiten sie ihre psychische Situation. Dies ist eine der Möglichkeiten für uns Erwachsene, das Seelenleben kleiner Kinder zu erkunden und dann verändernd zu beeinflussen.

Um zu erfahren, was wirklich für das Erleben des Kindes bedeutend ist, müssen wir uns aus unseren erwachsenen Denkprozessen zu lösen versuchen und uns in die Gefühls- und Denkwelt des Kindes hineinversetzen.

Von diesem ausgehend, lernen wir ein sozusagen „verdecktes Netzwerk" erlebensgebundener Beziehungen des Kindes kennen. Es kann ängstigend, hemmend sein, aber auch mutmachend durch Gestalten wie Räuber, böse Hexe, Krokodil oder gute Fee, Polizist usw. In der Arbeit mit Kindern ist es wichtig, diese Kräfte aus Märchen, Erzählungen und Phantasien als Verarbeitungsmöglichkeiten ernst zu nehmen, da sich Kinder Gestalten erschaffen und auswählen und sich mit ihnen identifizieren. Diese dienen ihnen in ihrer Lebenssituation als unterstützende, helfende Kräfte, die aktiviert werden, um die Unsicherheiten an Personen oder Dingen festzumachen, um verunsichernde Beziehungen, ängstigende Situationen zu differenzieren, zu strukturieren.

Auch im konkreten Alltag benötigen Kinder ein über die Familie hinausreichendes Netzwerk. Wir leben zwar in einem Land der Überbevölkerung, aber dennoch sind Vereinsamung, Anonymität und Isolation eine Zeitkrankheit bei uns. Der großen Zahl der älteren, oft allein lebenden Menschen, die Kontakt, Beziehungen, sinngebende Aktivierung brauchen und suchen, steht eine große Zahl überbelasteter Familien – durch Berufstätigkeit, finanzielle Einschränkungen, Beziehungsspannungen, wenig Zeit und Ruhe – gegenüber. Wie schön wäre es, wenn wir diese beiden Gruppierungen zusammenführen könnten! Dies wird durch Nachbarschaftshilfe, durch Formen der Gemeinwesenarbeit usw. verwirklicht, braucht aber viel Engagement, viele Ideen, viel Zeit und Organisationsfähigkeit.
Konkret für die Arbeit im Kindergarten ist das Ziel: Zur Entlastung und Stabilisierung, allgemein zur Entwicklungsförderung der uns anvertrauten Kinder sollten wir alle Möglichkeiten prüfen, wie wir für das Kind und dessen Familie solche „Zusammenführungen" herstellen können. Der Kindergarten hat eine Vielzahl von Informationen zum sozialen Netz im regionalen Einzugsbereich (über Gespräche mit Eltern, Kolleginnen, Gemeindemitglieder, Pfarrer, Jugendamt, Verzeichnisse und Adressenlisten usw.).

Wir können zur Entlastung der Familie im Veränderungsprozeß entscheidend beitragen, wenn wir helfen, ihre Kräfte und Eigenaktivitäten in ihrem eigenen sozialen Netz zu entfalten. Wer will schon freiwillig professionelle Helfer!

Sicher wird es im Alltag der Kindergartenarbeit nur manchmal gelingen, solche Öffnungen und die Aktivierung neuer bzw. bestehender Beziehungen zu schaffen. Es ist jedoch für unsere professionelle Arbeit sehr wichtig, die Stützsysteme im sozialen Umfeld dieser Familie zu kennen, um den Eltern Wege eröffnen zu können, aus dem gesellschaftlichen Umfeld Hilfe zu holen.

Oft ist der Zugang zu ganz normalen, alltäglichen Unterstützungssystemen viel leichter, wenn es sich um Bekannte aus der Nachbarschaft, Kollegen vom Arbeitsplatz, Interessen- oder Selbsthilfegruppen handelt.

Jede Erzieherin weiß, wie wichtig für das Erleben des Kindes neben Familie und Kindergarten- bzw. Hortgruppe auch die Nachbarschaft ist. „Spielen im Hof ist verboten“ – und dennoch spielen die Kinder im Hof, besonders wenn sie durch den Schutz einer Gruppe gestärkt sind. Streiche mit Kameraden auszuhecken, zu lernen, welche Leute man ärgern kann und diese von wohlmeinenden Nachbarn zu unterscheiden, hilft Kindern, ihr Lebensfeld zu strukturieren, Ordnungen zu erkennen, für sich selbst stärkende und Selbstbewußtsein aufbauende Kräfte zu entfalten.

Nicht nur aus der drohenden Isolation herauszukommen, ist für die Kinder aus Kriesenfamilien wichtig, sondern auch, mit bisher Fremden Beziehungen aufzubauen.

Der sechsjährige Sandro, der allein mit seiner besorgten (bzw. überbesorgten) Mutter lebt, vertraut mir an: „Das darfst du meiner Mutter aber nicht sagen! Der Papa von meinem Freund, der neben uns wohnt, hat uns eine große Schachtel gegeben, in die können wir alles 'reinpacken, was keiner sehen darf. Ich hab' dort all' meine Schwerter, Pistolen und Messer aus Holz versteckt. Meine Mutter will nicht, daß ich mit Waffen spiele …“ Für Sandros Mutter ist wichtig, diese Beziehung im sozialen Netz nicht als Untergrabung ihrer Autorität bzw. ihres Erziehungsstils zu sehen, sondern als wichtige, ausgleichende Funktion, die es ihrem Sohn ermöglicht, aus einem sehr festgefahrenen Muster herauszufinden, Konflikte zu vermeiden und Kräfte bzw. Unterstützung zu finden, die ihm dies ermöglichen.

6. Kindergartenarbeit im Umgang mit Kindern aus belasteten Familien

Der Umgang mit Kindern ist unmittelbar an unsere eigene Persönlichkeit als Erziehende gebunden. Unsere Wertsysteme, Einstellungen und Haltungen sind geprägt von unserer eigenen Sozialisation, von unserer Lebensgeschichte, von den Alltagserfahrungen mit Kindern und deren Lebenssituation.
Somit begegnen wir einem Kind immer schon mit bestimmten Vorstellungen und müssen doch offen sein für sein individuelles Verhalten und Erleben. Jedes Kind braucht diese Offenheit, braucht unsere Aufmerksamkeit und Beziehungsfähigkeit.

Bei Kindern aus belasteten Familien ist nicht eine grundsätzlich andere Umgangsweise erforderlich, sondern ein intensives Eingehen auf und Einfühlen in die Bedingungen seines Verhaltens und Erlebens.

Wir können Vertrauen in die Kraft des Kindes haben, sich sehr verschiedenen, von der „Norm" abweichenden Umfeldsituationen anzupassen. Unsere Aufgabe

als Erziehende ist, ihm den Weg zur Entfaltung dieser Kräfte zu öffnen und zu ebnen, Hindernisse wegzuräumen, ihm Brücken zu bauen, evtl. auch andere Wege und Entlastungsstraßen, auch Rastplätze zur Verfügung zu stellen.
Als Mitarbeiter institutioneller Erziehung ist es zu unserer Entlastung wichtig, uns immer wieder vor Augen zu halten und auch eingestehen zu dürfen, daß wir in einem Feld sekundärer Erziehung arbeiten. Die primären Beziehungen hat das Kind in seiner Familie. Wie auch immer diese Struktur variiert, wir müssen uns darauf einstellen. Bei der Vielzahl der Möglichkeiten familiären Zusammenlebens mit den jeweiligen Chancen und Risiken dürfen wir nicht vorschnell bewerten – aus unseren persönlichen Erfahrungen usw. Unsere erste Aufgabe ist, zu erkennen, welche Bedeutung die Umfeldstruktur – in erster Linie die Familie – für das Erleben des Kindes hat. Nicht der Grad der von außen wahrnehmbaren Belastungen, der Krisen und Veränderungen ist entscheidend, sondern die soziale und emotionale Bedeutung, die dies für das Kind wie auch für das gesamte familiäre System der Familie hat. Damit entgehen wir Stigmatisierungen (Scheidungswaise, Kind von alleinerziehender Mutter oder Vater, Kind aus Patchworkfamilie, Problemfamilien durch Arbeitslosigkeit, Armut, Ausländer usw.). Wir haben jedoch damit auch keine „erleichternden" Erklärungen, sondern müssen sehr viel intensiver die Form der Beziehungen, den Grad der Belastungen, Chancen und Risiken in den jeweiligen Systemen und deren Bedeutung für den Einzelnen zu erkennen suchen. Familienarbeit in Kindergarten, Hort usw. heißt also, die Kraft der bestehenden Familienkonstellation zu erkennen und zu stärken und Hindernisse und Barrieren gemeinsam zu beseitigen zu versuchen, um

das Kind damit von belastenden Familienerfahrungen zu befreien.

Reicht die Eigenkraft der Familie nicht aus, dann erst setzt die kompensatorische Funktion der Kindergarten- oder Hortarbeit ein. Hier hat – wie im einzelnen aufgeführt – die „normale“ Gruppenarbeit eine ergänzende, ausgleichende Bedeutung: durch Vermittlung sozialer Kontakte zu Gleichaltrigen, durch Beziehungen zu verantwortlichen Erziehenden, die Elternaufgaben übernehmen, durch das Erleben von Gleichmaß, Ordnung, Struktur, Ruhe und Beständigkeit als „Inseln in der Brandung“.

So wie das Kind und seine Familie, so muß auch die Erzieherin selbst nach Kräften und Ressourcen Ausschau halten, um diese Belastungen bearbeiten zu können. Unterstützung und Hilfe zu aktivieren, ist oft der entscheidende Schritt, um nicht mit Resignation, Verzweiflung und mit Ohnmachtsgefühlen (damit häufig auch in aggressiver Abwehr) zu reagieren.
Besonders Kinder aus belastenden Familiensituationen machen an der Erzieherin, als Projektionsfläche, ihre Wut und Enttäuschung fest. Sie äußern sich ihr gegenüber durch aggressives Verhalten, durch Ablehnung oder Rückzug. Das Wissen um diese Abläufe geben der Erzieherin dabei genug Stabilität, um ihre persönliche Betroffenheit bearbeiten zu können.
Wichtig ist aber auch, Kräfte in unserer Persönlichkeit zu aktivieren, denn der Umgang mit den hier beschriebenen Kindern ermöglicht uns auch, viele der motivierenden Kräfte im Erzieherberuf zu entdecken bzw. zu entfalten und im hilfreichen Umgang mit Kindern zu verwirklichen.

Es sollte deutlich geworden sein, daß auch die Erzieherin selbst im System arbeitet. Bei großer Belastung ist sie permanenter Überforderung ausgesetzt, die – im systemisch ganzheitlichen Aspekt – die distanzierte Reflexion ihrer Eingebundenheit in das Netz von Kind, Familie und weiterem Umfeld erfordert.

Wie oft erleben wir als Erziehende unsere Ohnmacht und Hilflosigkeit in der Familienarbeit mit solcherart massiv belasteten familiären Systemen. Dabei ist unsere Einsicht in die realen Grenzen unseres noch so engagierten Arbeitseinsatzes nötig – auch ein gehöriges Stück richtig verstandener Demut gehört zu dieser Einstellung. Demut, die nicht passives Laufenlassen bedeutet, sondern den Mut zum „Dranbleiben" beinhaltet, zum Durchhalten, zur ständigen Aktivierung unserer persönlichen Motivation, immer wieder andere, entlastende, ergänzende Möglichkeiten für das Kind und seine Familie zu suchen.
Das hoffnungsgeleitete Ziel des hier beschriebenen Ansatzes ist, die Neugier und das Interesse erweckt zu haben, weiterzusuchen, eigene Ideen und Aktivitäten zu entwickeln (durch Literaturstudium, Weiterbildung usw.), nicht in der Routine der Alltagsarbeit müde, sondern durch neue, andere Perspektiven angeregt zu werden, eigene bisherige Erfahrungen zu integrieren und neue Ideen im Umgang mit dem Kind und seiner Familie umzusetzen.